Teil I

Der Streik

Der Streik beginnt

Wir hatten Mittagsschicht. Es war unsere letzte in diesem mörderischen Kontischichtsystem[1] bei Mannesmann. Sieben Tage hintereinander, ob Sonntag oder Werktag, die Hütte steht nicht still. Der Profit muß stimmen, egal ob der Mensch das aushält.

Wer einmal erlebt hat, was es bedeutet, sieben Tage hintereinander in diesem Dreck, in diesem Lärm zu arbeiten, im Sommer überall unerträgliche Hitze, im Winter von der einen Seite heiße und von der anderen Seite eiskalte Luft, denn die Hallen sind offen, der wird verstehen, was es heißt, in einem Walzwerk zu arbeiten. Dazu immer die Antreibereien. »Tonnen wollen wir sehen«, sagen die Herren, und dabei ist es gleich, ob Unfälle passieren oder ob die Kumpels krank werden. Profit, das ist das Gesetz des Kapitalismus, dem alle unterworfen sind, und wir Arbeiter sind die davon am meisten Betroffenen. »Immer auf unsere Knochen«, sagen die Kollegen. Sie haben Recht. Mannesmann kennt keine Skrupel, wenn es um die Dividende der Aktionäre geht. Noch vor wenigen Jahren wurden etwa 700 bis 800 Tonnen Stahl pro Schicht gewalzt. Und heute? Heute laufen 1400 bis 1600 Tonnen durch die Walzen. Der Lohn? Trotz tariflicher Lohnerhöhung verdienen die Kumpels heute (gemessen an der Kaufkraft) weniger. Es sind natürlich Rationalisierungsmaßnahmen durchgeführt worden, aber die neuen Anlagen haben die Arbeit nicht erleichtert, sondern nur noch höhere Leistungen gefordert, bei gleichzeitigem Abbau von Arbeitskräften. »Immer auf unsere Knochen!« Das trifft auch hier zu. Denn rationalisiert wird nicht, um die Arbeit menschlicher zu machen, sondern um bei geringeren Lohnkosten noch mehr produzieren zu können.

Da ist zum Beispiel die neue Strahlanlage. Sie ermöglicht eine schnellere Verarbeitung des Röhrenmaterials. Während zu Anfang 1972 noch annähernd 600 Tonnen verarbeitet wurden, sind es inzwischen 800, 900, ja bis zu 1200 Tonnen pro Schicht.

1 Das Kontischichtsystem verdanken wir »unserem« Arbeitsdirektor Henne. Es ist Teil des sogenannten Henneplans. Nach diesem Plan arbeiten fast alle Produktionsbetriebe im Kontischichtrhythmus, d. h. gearbeitet wird (außer Ostern, Pfingsten, Weihnachten und dem 1. Mai) ständig: sonntags so wie feiertags. Jede Schicht dauert sieben Tage, danach sind zwei Tage frei. Nach der Frühschicht, die jeweils Freitag endet, haben wir das einzige freie Wochenende im Monat, für uns und unsere Familien. Dienstags geht es dann weiter mit sieben Tagen Nachtschicht hintereinander.

Dabei erzeugt dieses mörderische Ding einen Krach, der kaum auszuhalten ist, vom Dreck ganz zu schweigen. Dicke Wolken aus feinstem Eisenoxydstaub steigen auf, Staub, der die Schleimhäute reizt und das Atmen erschwert.
Wir hatten es jedenfalls satt. Die Hetze nach Tonnen, den immer stärkeren Lohnabbau, während zu Hause die Frauen immer lauter über die steigenden Preise schimpfen. Beim letzten Tarifabschluß kam schon so wenig für uns heraus, daß die gestiegenen Preise die Lohnerhöhung schon vorher aufgefressen hatten.
So wollten wir nicht weiter arbeiten. Unsere Meinung war: »Die Arbeitsbedingungen haben sich so sehr verändert, daß wir höhere Lohneinstufungen verlangen können. Wir arbeiten heute mehr denn je, an uns alle werden Anforderungen gestellt wie nie zuvor.«
Als der Betriebsrat vor Monaten unsere Forderungen der Direktion vorgetragen hatte, erklärten sich die Herren mit Verhandlungen erst einmal einverstanden. Aber dann wurden die Verhandlungen verschleppt, und Monat um Monat verging. Auch jetzt hieß es, wenn ein Kollege des Betriebsrates ins Walzwerk kam und von uns mit Fragen bestürmt wurde, immer: »Wir verhandeln.« Die Kollegen aber wurden immer unruhiger. Sie ließen der Direktion ein Papier aushändigen, in dem ihr klar gemacht wurde, daß die Kumpels, sofern sie nicht einlenke, zum Streik greifen. Doch die Herren schlugen die Warnung in den Wind. Da kam es zum Knall.
Als wir am 28. Februar ins Walzwerk kamen, fiel uns bei den Kollegen der Frühschicht eine sonderbare Unruhe auf. In der Waschkaue erzählten sie uns, was passiert war: Morgens hatte eine Pausenversammlung mit dem Betriebsrat stattgefunden. Dort war ihnen mitgeteilt worden, daß der Konzern dem Betriebsrat ein Diktat auf den Tisch geknallt hatte, über das die Herren nicht hinausgehen wollten. Ihr letztes Angebot. »Das und keinen Pfennig mehr«, hatten sie erklärt. Dieses Angebot sah aber nur eine minimale Lohnanhebung vor, lächerlich wenig also und selbst das nur für ein paar, bei weitem nicht alle Kollegen. »Da wollten wir die Brocken hinschmeißen und nach vorne gehen. Fast zwei Stunden haben wir nicht gearbeitet«, berichteten die Frühschichtler. »Warum habt ihr es denn nicht getan?« – »Wieso, wir können ja doch nichts machen, wo ist denn hier die Einigkeit unter den Arbeitern. In anderen Ländern ja, aber bei uns in Deutschland? Die Deutschen taugen nicht für so etwas, die streiken nie.« Ein Kollege dagegen ereifert sich: »Wie war es denn 69? Habt ihr das vergessen? Waren wir da nicht schon mal vorn? Haben wir da den Herren etwa keine höheren Löhne abgerungen, trotz Tarifabschluß? Ist denn nicht eben diese Ansicht, die deutschen Arbeiter taugten nicht

Gerd Höhne
Wir gehn nach vorn!

Erfahrungsbericht über die Arbeitskämpfe bei Mannesmann

Rotbuch Verlag Berlin

Inhalt

Redaktion Harald Wieser
Umschlagfoto Klaus Rose

Druck Georg Wagner, Nördlingen

ISBN 3 88022 114 6

zum Streik, von den Herren Overbeck und Sohl und ihren Dreckschleudern in der Bildzeitung, zu vielen von uns schon eingeredet worden? Soll denn nicht gerade diese Ansicht mithelfen, die Arbeiter vom Streiken abzuhalten?«
Um 14.00 Uhr ist Arbeitsbeginn für die Mittagsschicht. Überall haben sich Diskussionsgruppen gebildet. Nur wenige arbeiten. Den meisten ist nun klar: sie sind wieder einmal betrogen worden. Aber wie sich dagegen wehren? »Dienst nach Vorschrift – wenigstens, da bricht die Produktion zusammen!« ist ein Vorschlag. Wir wollen genauere Informationen. Wir verlangen, daß der Betriebsratsvorsitzende kommt. Als er da ist, sind alle Kollegen verständigt und in der größten Pausenbude im Profilwalzwerk (PWW) versammelt. Die Erwartung ist allgemein gespannt. »Wir müssen den Herren mal zeigen, was Sache ist«, ermutigen sich viele. Vom Betriebsratsvorsitzenden (BR-Vors.) erfahren wir endlich, was passiert ist: Ursprünglich hatte der Betriebsrat (BR) der anderen Seite vorgeschlagen, die Arbeiter des PWW so einzustufen, daß an Lohn-Mehrkosten etwa 500 000 Mark jährlich herauskommen. In der Lohnkommission aber, die aus je drei Betriebsrats- und drei Direktionsvertretern besteht, ist ein Kompromiß erzwungen worden, der nur etwa 300 000 Mark Mehrkosten vorsieht. Entgegen dieser Abmachung jedoch hat der Vorstand dem Betriebsrat (am Montag, 26. 2.) ein völlig neues Papier übergeben, das die Unternehmer lediglich 100 000 Mark jährlich kosten soll. »Mehr ist endgültig nicht drin«, hatte es geheißen. Diesem Papier aber hat der BR nicht zugestimmt. Er hat der Direktion vielmehr eine Frist von drei Tagen eingeräumt, während der sie Gelegenheit haben sollte, doch noch einzulenken. Dann erst wollte der BR uns informieren. Doch die Geschäftsleitung blieb hart und unnachgiebig.
Diese Informationen lassen allgemeine Empörung und Wut aufkommen. »Die da oben meinen wohl, mit uns machen zu können, was sie wollen, wie's ihnen gerade am besten erscheint. Immer mehr Tonnen, wenn's aber ans Zahlen geht, geht ein Gezeter los.«
Der BR-Vors. verliest die Liste der Arbeitsplätze und die Einstufung, so wie die Konzernherren sie sich vorgestellt haben. Je weiter er liest, desto größer wird die Unruhe. Was da geplant ist, will sich niemand bieten lassen. Böse Ironie macht sich breit: »Wenn man sich das so anhört, muß man beinahe glauben, die oben nagen am Hungertuch. Die Notlage der Aktionäre rührt uns zu Tränen, vielleicht sollten wir ihnen mal mit einer Spendenaktion unter die Arme greifen.« Aber die Entrüstung vertreibt die Ironie. Ein Kollege macht sich Luft: »Wenn wir aber genau hinsehen, sehen wir sehr schnell, wie blendend es ihnen geht. Gerade jetzt hat Mannesmann die DEMAG geschluckt,

die Produktion steigt und steigt, ein neuer Großhochofen ist im Bau und weiter klettern die Produktionsziffern und wieder und wieder auf unsere Knochen. Die Dividenden werden dicker und die Aktienkurse gehen hoch, denn die Herren pressen immer mehr aus uns heraus. Kollegen, wenn wir uns jetzt diesem Diktat beugen, dann sind wir verraten und verkauft, dann gibt es nur noch die Peitsche, dann werden sie noch brutaler. Mannesmann versteht nur eine Sprache: Streik. Gehen wir nach vorn! Erklären wir ihnen, daß erst wieder gearbeitet wird, wenn sie unsere Forderungen erfüllen.« – »Ja, nach vorn!« rufen die Kumpels. Der Betriebsrat ist in einem Dilemma. Auf der einen Seite verbietet ihm das Betriebsverfassungsgesetz (Betr.V.G.) zum Streik aufzurufen[2], denn damit störte er den »Arbeitsfrieden«. Auf der anderen Seite aber will er Arbeitervertreter sein, will er unsere Interessen ernst nehmen, müßte er also mit uns für den Streik sein. Denn immer heftiger wird nach Streik gerufen. So ist dieser Augenblick ein Stück Anschauungsunterricht für das Üble dieses Betr.V.G. Zwar räumt es den Arbeitern das Recht ein, Interessenvertreter zu wählen, zwingt diese Interessenvertreter aber zugleich, sich bei Kampfmaßnahmen der Arbeiter draußen zu halten.

Aber ehe der BR-Mann überhaupt etwas tun kann, haben sich die Kollegen formiert und marschieren los. Der Streik hat begonnen. Daß er neun Tage dauern wird, daß er mit einer vorher von uns nicht erprobten Härte geführt werden wird, daß wir ihn siegreich beenden werden und daß sich bei alledem für viele von uns die Justiz als Klassenjustiz offenbart, kann zu diesem Zeitpunkt noch niemand ahnen.

2 Die mögliche Rolle des Betriebsrates in einem von den Arbeitern autonom geführten oder gewerkschaftlich organisierten Streik ist – anders, als immer wieder behauptet wird – keinesfalls eindeutig begrenzt. Selbst linke Gewerkschaftler wissen das oft nicht und vertreten Meinungen wie »die Kollegen im BR dürfen Streiks nicht unterstützen« bis hin zu der überhaupt nicht richtigen Ansicht, »sie müßten sogar gegen die Arbeitskämpfe vorgehen.« Davon ist aber auch im neuen BetrVG an keiner Stelle ausdrücklich die Rede. Eindeutig fixiert ist lediglich, daß der *BR in seiner Eigenschaft als BR* nicht zum Streik aufrufen darf. Mehr nicht. Ein BR hat aber neben der Eigenschaft BR zu sein noch andere Eigenschaften . . . Diese Interpretation aber deutet einen Handlungsspielraum an, um dessen »fortschrittliche« Anwendung linke Vertrauensleute- und BR-Politik wird kämpfen müssen.

Die Ansicht, nach dem BetrVG sei der BR sogar verpflichtet, Arbeitskämpfe dadurch zu beenden, daß er zur Wiederaufnahme der Arbeit auffordert, ist nichts weiter als geschickte Unternehmerpropaganda, wie sie sich z. B. im Ford Streik in Köln bewährt hat. Ein im Zusammenhang mit den Dortmunder Hoesch-Streiks entstandenes gewerkschaftliches Gutachten geht dagegen davon aus, daß die »Aufforderung zur Arbeit« allein in die Zuständigkeit der »Direktion« fällt. Mit diesen Hinweisen soll das zweifellos arbeiterfeindliche neue BetrVG nicht in ein fortschrittliches Mittel des Arbeitskampfes umgeschminkt, sondern sollen nur seine »Lücken« aufgezeigt werden. (Anm. des Verlags)

Vorn. Die Arbeiter besetzen das Direktionsgebäude

Wir gehen durch die Hallen des Walzwerkes. Einige Kollegen arbeiten noch. »Kommt, wir gehen nach vorn!«, rufen wir ihnen zu. Ohne lange zu fragen, lassen sie die Arbeit liegen und schließen sich an. Fassungslos gucken die Assistenten[3] dem Zug der streikenden Arbeiter hinterher: Ist das die Belegschaft des Profilwalzwerkes? Sind das die Leute, die sie noch gestern schinden konnten, aus denen sie im Interesse des Konzerns das Letzte herauspressen konnten? Sie verstehen die Welt nicht mehr. »Doch spätestens um ›sechs‹ sind die wieder hier«, spottet einer von ihnen.

Wir verlassen die Hallen des Walzwerkes. Gegenüber stehen die Kollegen des Thomasstahlwerkes[4]. Sie fragen uns interessiert, was denn los sei. »Wir streiken, haben es satt, kommt mit!« Doch sie zögern, möchten wohl, finden aber nicht den Mut dazu. Grund allerdings hätten sie genug, sind doch auch gerade sie von der IGM sehr enttäuscht worden. Ganze 46 Pfennig tarifliche Lohnerhöhung hatte sie ihnen gebracht, von den paar Pfennigen an innerbetrieblicher Zulage mal abgesehen. Aber es fehlt ihnen in ihrer Abteilung jemand, der sie mitreißt, es fehlen der auslösende Funke und eine Führung.

Wir ziehen weiter. Unterwegs beraten wir. Wir müssen jemanden bestimmen, der mit Henne[5] spricht, der ihm sagt, daß wir uns diese Unverschämtheit nicht bieten lassen. Was setzen wir ihr entgegen? Wir beschließen unsere Forderung: Einstufung für alle mindestens in Lohngruppe 10[6], das sind 100% des innerbetrieblichen Ecklohns. Aber wer spricht mit Henne? »Mach du es!«, schlagen einige einen Kollegen vor, den sie als politisch bewußten und redegewandten Kämpfer kennen. »Quatsch«, gibt er zurück und an einen anderen gerichtet: »Du kannst es ebenso. Du mußt nur wollen.« Schließlich werden beide bestimmt. Ein dritter dazu.

Sie gehen in die Verwaltung. Feiner heller Teppichboden. An der Glastür ein Schild: »Füße abtreten.« Grinsend treten sie sich die Füße ab; wird aber nichts nützen, denn die Klamotten sind dreckig, die Schuhe ölig und mit Eisenstaub bedeckt. Die Empfangsdame drinnen blickt erstaunt auf die drei. Sie sitzt an

3 Assistenten, die rangniedrigsten Antreiber, sind meist Ingenieure, den Meistern vorgesetzt und erreichen in der Betriebshierarchie günstigstenfalls das mittlere Management.

4 vgl. den Abschnitt »Die Mannesmannbetriebe in Duisburg«, S. 95.

5 Der Arbeitsdirektor. Er wird von den ›Arbeitnehmern‹ vorgeschlagen und muß mit den Stimmen der Arbeitervertreter-Mehrheit vom Aufsichtsrat gewählt werden. Wahl auf 5 Jahre, Wiederwahl möglich. (Anm. d. Verlags)

6 Lohngruppe 10 bedeutet einen Stundenlohn von 7,69 DM (zur Zeit des Streiks, inzwischen geändert). Die Differenz zur nächst niedrigeren bzw. nächst höheren Lohngruppe macht 19 Pfennige aus (Lohngruppe 9 also: 7,50 DM, Lohngruppe 11: 7,88 DM).

einem schönen Teakholzschreibtisch, vor sich eine ganze Batterie von Telefonknöpfen. »Bitte, was wünschen Sie?«, werden wir gefragt. »Henne wollen wir sprechen.« Sie glaubt nicht, daß Herr Henne im Hause ist. Doch wir lassen nicht locker. »Versuchen Sie es!« Sie drückt auf eines der vielen Knöpfchen, hebt einen Telefonhörer ab und gibt ihn an uns weiter. Wir sind mit Hennes Sekretärin verbunden und hören, Henne sei in Luxemburg, auf Geschäftsreise, wie es heißt. Also warten wir, denn »einmal muß er ja zurückkommen«, sagen die Kollegen.

In der Zwischenzeit ist es den übrigen von uns draußen zu kalt geworden. Drum kommen auch sie in das Direktionsgebäude und setzen sich auf die mit dem teuren Teppichboden weich gepolsterten Treppen. So warten beinahe hundert Kollegen der Mittagsschicht. Wir diskutieren weiter über das Diktat und über Henne, diesen »Mitbestimmer« im Vorstand, der mit Gewerkschaftsgeldern, also mit dem Geld der Arbeiter ausgebildet wurde und zum Dank dafür jetzt einer der übelsten Typen im Vorstand ist. »Mitbestimmung!« Verächtlich spuckt einer dieses Wort aus. »Was haben wir davon?« – »Einen Henne!«, kommt es sarkastisch zurück. »In Luxemburg weilt der Herr und berät dort wohl, wie er Mannesmann immer fetter machen kann. Zum Teufel mit diesem Henne, unserem Grafen von Luxemburg.« Wir wollen es ihm schon zeigen. »Mit uns jedenfalls machen die nicht mehr, was sie wollen.«

Der Personalchef platzt in unsere Diskussion. Der Sozialdemokrat Direktor Schreiner. Er verstehe, mischt er sich ein, ja alle unsere Wünsche. »Aber bedenken Sie doch, daß wir bei der Beschreibung der Arbeitsplätze alle Umstände berücksichtigt haben. Sollte der eine oder andere Arbeitsplatz trotzdem nicht völlig richtig eingestuft sein, sind wir durchaus bereit, in einzelnen Fällen einer Änderung zuzustimmen. Eine generelle Lohnerhöhung aber wird nicht möglich sein.« Die Kollegen kennen solches Gerede. Sie fühlen sich verschaukelt und für dumm verkauft. Was in ›Einzelfällen‹ herauskommt, ist ihnen gut bekannt. Gar nichts. Gereizt widersprechen sie dem Direktor. »Jetzt sind wir vorn und bleiben vorn. Unsere Forderungen sind einfach und klar: Lohngruppe 10 als Mindesteinstufung.« Aber Schreiner bleibt bei seinen ›Einzelfällen‹ und fordert uns auf, wieder an die Arbeit zu gehen. Soviel Sturheit bleibt nicht unbeantwortet: »Tonnen, nur Tonnen will Mannesmann sehen, doch wenn's um höhere Löhne geht, soll im ›Einzelfall‹ geprüft werden. Nicht mehr mit uns! Wir wollen Butter bei die Fische, Herr Direktor. Wir haben es satt, uns nur schinden zu lassen, die Duckerei hört auf. Jetzt reden wir. Mannesmann hat volle Auftragsbücher, der Gewinn steigt. Und der Lohn? Schleppt sich hinterher. Nicht mehr mit uns!« Ängstlicher geworden, will Schreiner uns beruhigen, »denn wir sitzen doch alle in einem Boot.« – »In einem Boot?!« hallt es zurück. »Ha, wir Arbeiter sind die Ruderer, während Sie und Overbeck es sich auf unseren Schultern bequem gemacht haben und herumkommandieren. Das ist ja lächerlich.« Plötzlich bewegt das Stichwort »Entlassung« die Menge. »Aber, meine Herren«, wehrt der Direktor ab, »wir haben jetzt doch Hochkonjunktur, wer redet denn da von Entlassungen. Selbst vor einem Jahr, als die Auftragslage viel schlechter war, ist niemand entlassen worden«.

Diese Beruhigungspille Schreiners greift ein von vielen geschätzter kommunistischer Kollege auf: »Herr Schreiner, Sie sagen, Mannesmann habe selbst zu einer Zeit keine Arbeiter entlassen, in der die Auftragslage viel schlechter war als momentan. Mag sein, aber warum wohl nicht? Aus Menschenfreundlichkeit? Wohl kaum! Denn Mannesmann ist kein Wohlfahrtsverein, sondern will Profite machen. Mannesmann gibt doch keinen Pfennig heraus, wenn dafür nicht mehrere Mark zurückkommen. Warum haben die wohl keinen von uns entlassen? Weil sie sich ausrechnen konnten, daß, um ein Werk wie die Hütte in Gang zu halten, qualifizierte Arbeitskräfte gebraucht werden. Schließlich ist es billiger, im Hinblick auf eine bessere Auftragslage, ein paar eigentlich ›überflüssige‹ Arbeiter weiterzubeschäftigen, als sie zu entlassen und an ihrer Stelle später neue auszubilden. Sie wissen es nur zu genau: *Darum* wurde niemand entlassen. Allerdings wurde auch niemand zusätzlich neu eingestellt, wodurch, um es mit den Worten der Unternehmer auszudrücken, die ›Arbeitskräfte durch natürliche Abwanderung abgebaut wurden‹. Und die zweite Erklärung dafür, daß nicht entlassen wurde, ist noch schlichter: Entlassungen erzeugen Unruhe. Welcher Unternehmer will die schon. Tritt aber eine etwas größere Krise ein, dann entläßt Mannesmann ebenso zahlreich und rücksichtslos wie alle anderen Betriebe das tun. Dann fragt auch Mannesmann nicht lange, wie es den Arbeitern und ihren Familien ergeht. Habe ich recht, Herr Direktor?«

»Ja, Sie haben ja recht«, gibt Schreiner klein bei. »Ich wollte doch nur klären, daß andere Betriebe eben noch schlimmer gehandelt haben als Mannesmann.« Schweigen. Es ist ruhig in der Halle. Der Direktor weiß nicht mehr, was er unternehmen soll. Sein Auftrag, uns an die Arbeit zurückzubringen, ist gescheitert. Hilflos steht er da. Vielleicht erinnert er sich schlagartig daran, daß die Arbeiter, welche ihm, dem sozialdemokratischen Direktor, jetzt das Leben schwer machen, dieselben sind, die vor wenigen Monaten noch seine Partei gewählt haben, voller Illusion, diese Partei sei ihre Partei. Aber Schreiner muß seine Mission erfüllen. Das verlangen die Konzernbosse von ihm. Er selber ist doch nur der Kleinste unter den

Großen. Warum eigentlich soll gerade er die Kastanien für die ganz Großen aus dem Feuer holen? Ähnliche Fragen mögen ihm durch den Kopf gehen. Aber Schluß, schließlich liebt er seinen gut bezahlten Posten und da muß er schon gegen uns Arbeiter sein, ob er will oder nicht. Wir merken ihm seine Unruhe an. Wie eine Mauer sitzen wir ihm gegenüber, viele von uns mit dem gleichen Parteibuch in der Tasche wie er.

Niemand hilft dem Direktor, auch der Betriebsrat kann und will es nicht. Da macht Schreiner einen letzten Anlauf. Wieder bittet er uns um die Wiederaufnahme der Arbeit, wieder erklärt er sich bereit, mögliche Lohnanhebungen in Einzelfällen zu prüfen, wieder appelliert er an unser aller Gemeinsamkeitsgefühl.

»Teile und herrsche«, hört er einen Kollegen grinsend sagen. Verwirrt blickt Schreiner ihn an und »Nein, ganz bestimmt nicht«, versucht er sich zu verteidigen. Es sieht so aus, als meine er es auch so. Bitter schmeckt ihm das Zuckerbrot des Verrats.

Die großen Herren betrachten ihn als einen Proleten, als einen Aufsteiger, den sie nur durchfüttern, damit er die Arbeiter vom Kampf abhält. Und die Arbeiter, deren einer er selber mal war, begreifen ihn als Kapitalisten. Er stand einmal am Scheideweg: Karriere oder Kollege. Kapitalistenagent oder Kämpfer für die Arbeiterinteressen. Er hat sich für das Kapital entschieden.

Schreiner geht, er spürt, daß er nichts erreichen kann. Die Front der Arbeiter steht. Wir lassen uns in den bequemen Ledersesseln nieder. Jemand, der von der Toilette kommt, stellt lachend fest: »Das Scheißhaus hier ist ja vornehmer als meine gute Stube«.

18 Uhr ist lange vorbei. Die Rechnung der Assistenten, wir gingen von selbst wieder an die Arbeitsplätze zurück, ist nicht aufgegangen. Langsam geht die erste Streikschicht ihrem Ende zu. Also müssen wir organisieren, daß die Nachtschicht weiterstreikt. »Hoffentlich machen die mit«, ist die bange Frage. Ab 21 Uhr gehen die ersten von uns zum Umziehen. In der Waschkaue erklären sie den Kollegen der Nachtschicht, was los ist und fordern sie auf, nach vorn zu kommen. Die schon in der Fabrik anwesenden Kollegen der Nachtschicht sind sofort mit von der Partie. Sie werden von uns mit Jubel empfangen.

Andere Nachtschichtler stehen inzwischen in der Halle I herum, dort wo sie ihren Arbeitsplatz haben. Assistenten, Meister und Betriebsleiter schwirren um sie herum, schirmen sie vor uns ab. Da diese Kollegen sich in einem nicht so gut erreichbaren Waschraum umziehen, hat es mit der Information bei ihnen nicht richtig geklappt. Doch als die Mittagsschichtler, um in ihre Kauen zu kommen, durch diese Halle gehen, werden sie gefragt, was passiert ist. »Wir haben die Brocken hingeworfen, denn die fällige Neueinstufung ist von der Direktion abgelehnt worden. Dafür haben sie uns ein Diktat vorgesetzt, das nur wenigen was bringen würde. Bei euch, in Halle I, niemandem was. Der Warmbetrieb ist schon vorn. Laßt euch von den Herren hier nicht einschüchtern und zieht nach. Geht nach vorn.« – »Klare Sache«, sie ziehen los. Doch am Ausgang der Halle versperrt ihnen ein Meister den Weg. Der Zug kommt ins Stocken. Der Meister empfiehlt den Kollegen zu warten, da der Betriebsratsvorsitzende sie hier sprechen wolle. Aber einige Mittagsschichtler durchschauen das Spiel und wissen es besser: »Herbert (BR-Vors.) kommt keineswegs hierher, denn er ist wie wir vorn, im Direktionsgebäude. Nicht hier, vorn werdet ihr informiert.« Die Lüge des Meisters hat ihre Wirkung verfehlt. Die Kollegen marschieren endgültig nach vorn. Der Streik ist gerettet – die erste Hürde genommen.

Die Profilwalzwerker kämpfen.
Machen die anderen Arbeiter mit?

Am nächsten Tag, es ist Donnerstag, läßt der Werksvorstand Handzettel verteilen, in denen er uns zur Arbeit auffordert. Für die ersten Zettel haben die meisten von uns nichts als Hohn übrig. Ihre Wirkung ist gleich Null. Ansonsten geschieht an diesem zweiten Streiktag weiter nichts Außergewöhnliches. Freitag aber bereitet der Vorstand seinen ersten gefährlichen Angriff auf uns vor. Sein Ziel ist die Spaltung der Arbeiter. Während die Handzettel bislang nur an die Kollegen des PWW verteilt wurden, sind sie nun für alle Arbeiter der Hütte bestimmt. Die oben wissen genau: Gehen auch andere Betriebe nach vorn, dann haben sie keine Chance mehr, unsere Forderungen zu unterdrücken, dann *müssen* sie nachgeben. Die Situation ist kritisch. Bis heute, am dritten Streiktag, haben insgesamt fünf Schichten gestreikt. Aber einige Kollegen sind schon umgefallen. Noch sind über 400 von über 700 Walzwerkern im Ausstand. Werden sie durchhalten? »Wir müssen!«, bekräftigen uns die bewußteren Kollegen, »denn andernfalls bekommen wir nur noch die Peitsche, sind wir noch rechtloser«. – »Wir halten es aber alleine nicht durch«, geben die etwas Zaghafteren zu bedenken. »Zuhause stöhnen die Frauen. Das Geld reicht ohnehin nicht. Und die Schichten, in denen nicht gearbeitet wird, werden nicht bezahlt.« – »Die anderen *müssen* einfach mitmachen, die haben doch auch die Schnauze voll. Wo bleiben denn die Eisenbahner?[7] Die waren vor vier Wochen doch schon mal vorn, ganze zehn Stunden lang. Doch als man ihnen eingeredet hatte, erst an die Arbeit, dann Verhandlun-

7 Es handelt sich um die Kollegen der betriebseigenen Eisenbahn.

gen, sind sie zurück an ihre Plätze gegangen. Und dann: Sie sind betrogen worden, mehr Löhne gibt es bis heute nicht bei der Eisenbahn. Die müssen doch sehen, daß sie jetzt eine gute neue Chance haben. Wo bleiben sie nur?«

Endlich, bei Beginn der Mittagsschicht am 2. März, kommen die ersten Kumpels aus einem anderen Betrieb der Hütte, die Kollegen vom Blasstahlwerk (BSW) I.[8] Noch sind lange nicht alle bei uns, da schwirren ihre Bosse schon nach oben, zu ihren Herren und Meistern. »Jetzt kommen bestimmt auch noch die anderen nach«, hoffen wir. Mit allem hatten wir gerechnet, mit der Eisenbahn, dem Hochofenbereich, aber nicht mit dem Blasstahlwerk I. Denn wenn die Stahlwerker mitziehen, ist es für Mannesmann aus. Der riesige Röhrenauftrag für die Sowjetunion z. B. wird dann ins Stocken kommen, denn vom Blasstahlwerk erhalten die Kollegen das Rohmaterial für die Bleche, aus denen die Röhren gemacht werden. Ohne die Stahlwerker also kann auch in den anderen Betrieben nicht viel laufen. Unsere Freude ist riesig. »Wir haben gewonnen«, jubeln viele. Einige Arbeiter des Walzwerkes fallen den Stahlwerkern um den Hals. »Es wurde Zeit«, sagen sie ihnen.

Um die Bedeutung des BSW I für die Gesamtproduktion aber wissen nicht nur die Streikenden, sondern ebenso die Bosse. Folglich werden sie alles daran setzen, um zu verhindern, daß die Stahlwerker mitstreiken. Sie müssen es verhindern! Aber sie wissen mittlerweile auch: mit Drohungen kommen sie keinen Schritt weiter. Das haben die Walzwerker ihnen bewiesen. Was bleibt ihnen da als zu versuchen, die Arbeiterfront von innen aufzuweichen. Mit Hilfe des Betriebsrates zum Beispiel. Aber der Betriebsrat spielt nicht mit. Was den Unternehmern in anderen Fabriken gelang, hier bei uns scheitert es: der Betriebsrat läßt sich nicht kaufen. Das neue Mittel der Herren: Keile rein in die Arbeiter, Spaltung. Jetzt verlegen sie ihre Taktik darauf, die Stahlwerker von den Walzwerkern zu trennen. Der Hebel dazu, das ist ihnen klar, muß bei den Stahlwerkern angesetzt werden. Sie sind nicht so kampferfahren wie die PWWler. Streiks auf der Hütte gingen bislang fast immer vom PWW aus, im BSW I dagegen wurde noch nie gestreikt. Und das, obwohl die Kumpels des Stahlwerkes in unvorstellbarem Dreck arbeiten müssen. Nicht wenige von ihnen sind an Staublunge erkrankt. Hitze und Hetze sind dort noch unerträglicher als im Profilwalzwerk. Und das will was heißen.

Diese Taktik der Kapitalisten hat Erfolg. Als sie mit einigen Vertretern der Blasstahlwerker zu sprechen verlangen, gehen die Kollegen darauf ein. Man sagt ihnen zu, ihre Forderungen wohlwollend zu prüfen; man redet ihnen ein, die Profilwalzwerker hätten mit ihrem Streik nichts weiter im Sinn, als

8 vgl. den Abschnitt »Die Mannesmannbetriebe in Duisburg«, S. 95.

schließlich mehr zu verdienen als die anderen Kumpels der Hütte. Für die Abhängigen schmeckt die Lüge der Mächtigen wie die Wahrheit. Um 18 Uhr gehen die Stahlwerker wieder an die Arbeit.
Mannesmanns Hoffnung jedoch, das würde die Walzwerker entmutigen, war weit gefehlt. Dabei waren an diesem Tag sogar Kollegen auf Mittagsschicht, an deren Durchhaltekraft man gezweifelt hatte. Sie galten als nicht so kampfstark wie die anderen Schichten. Tatsächlich fiel als einer der ersten auch ein Vertrauensmann um, der schon vorher gegen den Streik Stimmung gemacht hatte. Dennoch bleiben die Kumpels verbissen. »Wir halten durch«, ermutigen sie sich gegenseitig. »Warten wir ab, Montag werden die andern schon wieder nachkommen«, glauben selbst die weniger Kämpferischen.

Wie die Kapitalisten den Streik kaputt machen wollen

Sie fingen damit an, den streikenden Arbeitern Briefe in die Wohnung zu bringen. Nicht selten bis spät in die Nacht. In einem dieser Briefe erklären sie, daß die Produktion des PWW und die Versorgung der Mannesmann-Röhrenwerke mit Röhrenrundstahl infolge des Streiks nicht mehr möglich sei. Aus diesem Grunde stellten die Röhrenwerke ihre Versorgung zur Zeit auf andere Vormateriallieferanten um usw. Mit dem ›Geheimwort‹ Vormateriallieferanten aber konnte nur die Firma Thyssen gemeint sein. Sie wollten uns auf diese Weise also glauben machen, in Zukunft würde bei Thyssen gewalzt, Mannesmann brauche uns Walzwerker also gar nicht, käme gut ohne uns aus. Was soll unser Streik dann noch?!
Einige Kollegen glaubten den Schwindel anfangs, aber die meisten hatten dafür nur ein müdes Lächeln übrig. Sie wußten genau: Thyssen ist ebensowenig in der Lage, Rundmaterial in entsprechender Menge und Qualität zu liefern, wie wir in der Lage wären, Thyssen Profile zu liefern. Zwischen Thyssen und Mannesmann besteht nämlich seit ein paar Jahren das sogenannte Röhrenabkommen. Mit diesem Abkommen übergab Thyssen an Mannesmann die gesamte Röhrenproduktion, während Mannesmann dafür Thyssen die restliche Stahlproduktion überließ. Seitdem stellen die Arbeiter bei Mannesmann nur noch Röhren ohne Röhrenvormaterial her. Beweise dafür gibt es genug. So wurde eine wenige Jahre vorher in Betrieb genommene Feineisenstraße wieder demontiert, und auch das Profilwalzwerk walzt keine Profile mehr, sondern nur noch Rundmaterial für nahtlose Röhren. Die Maschinen wurden verkauft oder umgebaut. Würde Thyssen bestreikt, könnte nicht einfach Mannesmann einspringen und Profile walzen.

Sie wollten uns für dumm verkaufen, aber ihre Lüge war leicht zu durchschauen. Trotzdem blieben die Bosse vor der Presse bei ihrer Behauptung und verkündeten scheinbar selbstsicher, daß der Mannesmann AG durch den Streik keinerlei Verlust entstehe. Sie boten alle ihnen zur Verfügung stehenden Mittel auf, den streikenden Arbeitern ihre Lüge glaubhaft zu machen. Dabei half der Vertrauensleute-Vorsitzende Bünk[9] (der erst später von uns abgewählt werden konnte) tatkräftig mit. Unterstützt wurde Bünk zudem von Ehlers, einem ehemaligen Mitglied des Betriebsrates. Ehlers und Bünk waren schon früher als ein Gespann in der Hütte bekannt. Wenn es gegen uns Arbeiter ging, standen sie immer zusammen. Bünk, indem er seinen Job dafür einzusetzen versuchte, die Vertrauensleute zu Abwieglern und Streikbrechern zu erziehen; Ehlers als trojanisches Pferd im überwiegend linken Betriebsrat, in dem er kaum etwas unterließ, um ihn zu lähmen. Als er schließlich untragbar wurde, da seine Machenschaften von den Kollegen durchschaut worden waren, fiel er die Treppe herauf und bekam eine Anstellung im Bildungswerk des DGB. Jetzt, auf dem Höhepunkt des Streiks, tauchten beide auf, um uns erneut zu demoralisieren. Während Ehlers sein Verständnis für unsere Aktion ausdrückte, gleichzeitig aber die Unternehmerlügen vertrat, kam Bünk erst gar nicht dazu, vor den Arbeitern zu reden. Die Kollegen buhten ihn aus, und als einige doch mit ihm reden wollten, wurden sie von den anderen Kumpels weggeholt. Sie rieten ihnen: »Diskutiert nicht mit diesem Schwätzer.« Bünk mußte verschwinden und ließ sich während des Kampfes nicht mehr blicken.

Als auch dieser Trick der Konzernherren mißlungen war, sollte uns die Behauptung, Thyssen walze stellvertretend für uns, schließlich augenfällig bestätigt werden. Mannesmann ließ sich den psychologischen Krieg gegen die Arbeiter einiges kosten. Was geschah? Am Tor 1, in dessen Nähe wir uns befanden, führt die Eisenbahnstrecke vorbei. Nun ließen die Bosse einige Züge vorbeifahren, die mit Stahlblöcken beladen waren, wie sie im Profilwalzwerk verarbeitet werden und nur dort verarbeitet werden können. Zweck dieses aufwendigen Unternehmens war, den Kollegen vorzuspielen, man ließe die Stahlblöcke aus dem Werk fahren, um sie bei Thyssen in Arbeit zu geben. Aber auch dieser Trick zog nicht mehr. Die Waggons wurden viel-

9 B. war gleichzeitig »Gewerkschaftssachbearbeiter«. Während er von der Gewerkschaftsführung eingesetzt wurde, wird der Posten von Mannesmann mit über 2000 DM monatlich bezahlt. Mit diesem Sessel hat die Gewerkschaft Hand in Hand mit dem Konzern eine für deutsche Fabriken wohl seltene Einrichtung geschaffen. Auf diesem Posten war B. nie faul, wenn es darum ging, Vertrauensleute und Betriebsräte voneinander zu isolieren. Es ist im übrigen sicherlich kein Zufall, daß diese Einrichtung just seit den Septemberstreiks des Jahres 69 besteht.

mehr mit Hohngelächter begrüßt. »Angst machen wollen die uns, das ist alles«, kommentierten die Kollegen das Spiel.
Diese Tricks funktionieren allein schon deshalb nicht, weil uns der Notdienst (vgl. den nächsten Abschnitt) ständig über die Lage im Betrieb informierte. So wußten wir, daß im Blasstahlwerk die gesamte Produktion auf die Stranggußanlage[10] umgestellt worden war, die nur für das Blechwalzwerk arbeiten kann, und daß sich im Siemens-Martin-Stahlwerk[11] die Blöcke schon beinahe türmten: hinter dem BSW 2 standen dutzendweise Waggons mit Stahlblöcken und auf dem Platz beim BSW 2 stapelten sie sich schon meterhoch. Außerdem waren drei Hochöfen schon ›runtergefahren‹, d. h. sie produzierten kein Roheisen mehr. Im Profilwalzwerk selbst mußten die Meister, die Assistenten, ja sogar die Herren Doktoren die letzten paar Tonnen Material höchstpersönlich verladen, obwohl es teilweise unbearbeitet, in schlechtester Qualität und deshalb kaum brauchbar war. Die Arbeiter sollten also glauben, das Material verschwände aus der Hütte. In Wirklichkeit aber ist das Zeug aussortiert gewesen und sollte später als Schrott wieder eingeschmolzen werden. All das war uns klar und so lachten die meisten über den Zirkus.
Den Kollegen aber, denen er imponierte und die an die Lüge glaubten, erklärten die anderen, daß Mannesmann lügt, lügen muß: »Meinst du«, hieß es zu einzelnen, denn sie waren nur wenige, »wenn die keine Verluste haben, würden sie das PWW überhaupt noch betreiben, würden sie zig Millionen investieren, würden sie nach immer mehr Tonnen hetzen? Könnten die bei Thyssen wirklich genauso walzen wie wir hier, dann täten sie es doch auch und zwar nicht nur, wenn wir mal streiken. Mannesmann hätte das PWW dann längst stillgelegt und uns lange gefeuert. Weil das aber nicht so ist, stecken sie Unmengen Geld ins PWW, um seine Produktion zu steigern. Überlegt doch mal: in Deutschland, ja sogar in der EWG hat Mannesmann so etwas wie ein Röhrenmonopol. Da gibt es kein anderes größeres Werk, das Rohmaterial für nahtlose Röhren in der Menge herstellen kann, wie es in den Mannesmann-Röhrenwerken in Mülheim gebraucht wird. Die haben das Rohmaterial ja bis vorige Woche, bevor der Streik losging, sogar mit LKWs nach Mülheim gekarrt, weil die Bundesbahn gar nicht so schnell transportieren kann, wie Mülheim verbraucht.« Wenn der eine oder andere Kollege nach dieser Standpauke immer noch nicht ganz überzeugt war oder am Gelingen des Streiks noch zweifelte, kriegte er nen kleinen Schubs: »Wenn du kalte Füße hast, geh in die Hüttenschenke und trink nen Schnaps. Halt aber's Maul und mach' die Jungs nicht verrückt.«

10 vgl. »Die Mannesmannbetriebe . . .«, S. 95.
11 ebenda.

Der Trick mit den Dreigroschenjungs

Doch die Hüttenbosse kamen auf immer neue Streikbrechertricks. Gegenüber Tor 1 der Hütte steht eine Bude, an der es Zeitungen, Getränke und Tabakwaren zu kaufen gibt. Nach einer Weile tauchten dort sonderbare Gestalten auf. Jedesmal, wenn einer von den Streikenden hinzukam, fädelten sie etwa folgendes Gespräch ein: »Du, kennst du den Fritz?« – »Fritz? Ist das nicht der von der 1150er-Walzstraße?« – »Ja, genau der. Den habe ich vorhin zur Personalabteilung[12] gehen sehen. Der arbeitet wohl auch wieder.« – »Was«, fragten dann die Kollegen mißtrauisch, »der arbeitet wieder? Das hätte ich nicht gedacht«. – »Ja«, warfen dann diese Kiosktypen ein, »nicht nur der Fritz. Auch der Karl, der aus Halle I war heute früh bei der PAL. Mindestens zwanzig Mann waren dort«. Die Kollegen, die sich diese Sprüche anhören mußten, murmelten Flüche vor sich hin, schwiegen aber. Die meisten wußten: diese Typen sind Dreigroschenjungs. Dennoch waren sie nicht ganz ungefährlich. Denn ihr Gerede hätte schwankende Kollegen dazu verführen können zu glauben, da sei was Wahres dran. Um das zu verhindern, griff schließlich doch einer von uns ein und fragte so einen Jungen, ob er im PWW arbeite. »Ja«, meinte der Spitzel. »Aha.« Ruhe vor der Bude, dann: »Du, weißt du, was der Paragraph 51 bedeutet?« – »Ja, warum«, fragte der Spitzel verwirrt zurück. »Na, siehst du, ich bin jetzt 36 Stunden auf der Hütte, habe vorher nur drei Stunden das Bett gesehen. Bin also total übermüdet. Und wenn man so kaputt ist, macht man schon mal Geschichten, an die man sonst gar nicht denkt. Da kann es z. B. passieren, daß man einem Dreigroschenjungen der Bosse einen in die Schnauze haut. Glaube mir, Kollege, dann kriegt man den 51er. Oder bist du anderer Meinung?« – »Nein«, antwortet der Spitzel, in die Enge getrieben. »Schön, wenn du aber noch länger so ein Gequatsche fabrizierst, Kumpel, kann es mir bei meiner Übermüdung passieren, daß ich mir einbilde, du seist mit 'nem Geldschein der Bosse bestochen, um hier solche Reden zu halten. Und wenn ich mir das einbilde, kann es leicht vorkommen, daß ich dir eins in die Fresse haue, denn deine Reden mißfallen mir. Also hau ab, sonst gehen mir noch die Nerven durch.« – »Ja, aber ...« – »Hau ab, Junge, sonst kracht's.« Blitzartig war der Bursche weg und wurde nicht mehr gesehen.

12 Der Werksvorstand hatte in Briefen an die Arbeiter erklärt, »Arbeitswillige« könnten sich bei der PAL (Personalabteilung), die während der Streikzeit 24 Stunden durchgehend geöffnet hatte, melden. In den Briefen war zu lesen, die Betriebsführung garantiere, uns bei Wiederaufnahme der Arbeit als »Mitarbeiter« zu behandeln und zu achten. »Wir werden alles unternehmen und nichts unterlassen, um Sie bei Wiederaufnahme der Arbeit vor Übergriffen Dritter zu bewahren ...«

Die Tricks mit dem Notdienst oder Die Herren arbeiten selber

Damit während des Streiks an den Anlagen keine größeren Schäden entstehen konnten, war es notwendig, daß bestimmte Arbeitsplätze besetzt blieben. So wurden die Walzen von jeweils einem Kollegen überwacht. Die Walzen werden nämlich mit Wasser gekühlt und könnten einfrieren, wenn niemand den Koksofen beheizt, der seine Wärme auf die Walzen überträgt. Auch an den Tieföfen, in denen die Stahlblöcke die zum Walzen erforderliche Temperatur erhalten, mußte diese Art Notdienst verrichtet werden. Es ist nicht möglich, diese Öfen einfach abzustellen, denn sie brennen auf Gasbasis; wenn das Gas aber austritt, ohne daß eine Verbrennung stattfindet, besteht Explosionsgefahr und die Gewölbe der Abdeckung können zusammenbrechen, wenn die Öfen kalt werden.

Mit den Kumpels des Notdienstes haben die Bosse verschiedene Tricks versucht, die das Ziel hatten, den Streik zu unterlaufen.

So rechneten die Mannesmann-Herren sich aus, daß die Arbeiter, sind sie erst mal weg von der Masse und vereinzelt im Walzwerk, erheblich leichter zur Wiederaufnahme der Arbeit zu bewegen seien. Getreu ihrer Auffassung, daß Solidarität nur dann möglich sei, wenn sie nichts kostet und keinen Mut erfordert, wiesen die Herren die Kollegen der Notbesatzung an den Walzen an zu arbeiten. Man forderte sie auf, die Kieslöcher zu leeren. In diesen Kieslöchern wird Stahl von besonderer Güte abgekühlt, der erst glühend in die Löcher eingelegt und dann abgedeckt wird. Doch die Kollegen pfiffen die Aufforderung in den Wind: »Ich bin hier als Notdienst. Das heißt, damit jemand da ist, der eingreift, wenn etwas passiert. Ich bin hier aber nicht, um zu arbeiten. Wenn ich arbeiten soll, kann ich nicht Notdienst machen, und wenn ich auf Notdienst bin, kann ich nicht arbeiten. Wenn Sie aber meinen, daß dieser Notdienst überflüssig ist, gehe ich gerne auch nach vorn.«

Die Bosse hatten ihre Rechnung ohne die Kumpels gemacht.

Da Mannesmann dieses in den Kieslöchern lagernde Material aber unbedingt brauchte, waren die Herren gezwungen, selber zu arbeiten. Was blieb ihnen schon anderes übrig. So konnten die Kollegen des Notdienstes erleben, wie unsere Antreiber selbst schufteten. Grinsend und mit bissigem Kommentar sahen die Kollegen den schwitzenden Herren Direktoren und Assistenten zu.

Eine ähnliche Abfuhr holten sich die Bosse beim Notdienst an den Tieföfen. Am vierten Streiktag, am Samstag (3. März), waren die Tieföfen auf Anordnung des Werksvorstandes vollkommen abgestellt worden. Montags drauf aber hatten die oben den großen Plan, das Walzwerk ohne die Arbeiter mit

Hilfe von Meistern, Assistenten und einigen Streikbrechern in Betrieb zu nehmen. Also mußten die Tieföfen wieder angefahren werden. Dabei jedoch gilt die Vorschrift, daß mindestens drei am Ofen ausgebildete Leute anwesend sein müssen. Offenbar kein Problem, denn drei waren da: ein Meister, ein Vorarbeiter und der Kollege vom Notdienst. Aber als der Meister und der Vorarbeiter begannen, den Ofen anzufahren, machte der Kollege sie darauf aufmerksam, sie seien nur zu zweit und das verstoße eindeutig gegen die Vorschrift. »Sie sind der dritte!«, lockten sie ihn. Aber ohne Erfolg: »Ich streike, bin lediglich Notdienst und werde nichts tun, was der Wiederaufnahme der Arbeit dient. Ich mache Sie deshalb also nochmals darauf aufmerksam, daß Sie gegen die Vorschrift verstoßen. Wenn etwas passiert, tragen Sie die volle Verantwortung, und ich werde mich unverzüglich an den Unfallschutz wenden.« Dafür hatten die beiden offene Ohren. Sie waren gezwungen, nach einem dritten Mann zu suchen, der am Ofen ausgebildet war, und fanden schließlich einen Meister.
Aber die Unternehmensleitung versuchte nicht nur, mit Angriffen auf die Standfestigkeit des Notdienstes die gesamte Arbeiterfront anzugreifen, sondern sie baute den Notdienst außerdem als einen hinterhältigen Vorwand in ihre Strategie ein, den Streik zu Fall zu bringen. Ein Beispiel dafür brachte der zweite Tag des Arbeitskampfes. In der Nacht dieses Tages erschienen Feuerwehrleute bei einer Reihe Kollegen und erzählten ihnen das Märchen, sie seien zum Notdienst eingeteilt worden und sollten mit ihnen auf die Hütte fahren. Einige Kollegen, die genau wußten, daß an ihren Arbeitsplätzen kein Notdienst gebraucht wurde, durchschauten die Gemeinheit und ließen die Feuerwehr erfolglos wieder abziehen.
Diejenigen Kumpels aber, die aufstanden und mitgingen, landeten anstatt im Walzwerk in der Personalabteilung, die also auch für solchen Terror ihre Türen geöffnet hatte. In der PAL erwartete die Kollegen der Personalmeister des Warmbetriebes im PWW und bequatschte sie, wieder an die Arbeit zu gehen, bei unserer Aktion käme ja doch nichts heraus. Aber auch hier bissen die Herren auf Granit. Alle zum »Notdienst« eingeteilten Arbeiter drehten sich auf dem Absatz herum und ließen sich wieder nach Hause fahren. Später stellte sich heraus, daß man gezielt solche Kollegen ausgewählt hatte, die an Schlüsselarbeitsplätzen beschäftigt sind. Mit ihnen hätte man zumindest erst einmal anfangen können zu walzen. Hätte es geklappt, dann wäre der Streik zusammengebrochen. Doch die Kollegen blieben hart.

Der Lohntütentrick

Jeden Dienstag werden auf der Hütte die Lohnabrechnungen ausgegeben. Das Geld selbst müssen wir uns zwar von der Bank abholen, aber die Kollegen wollten natürlich wissen, wieviel Lohn ihnen überwiesen worden war, und dazu brauchten sie die Abrechnungsstreifen. Als aber ein Mitglied des Betriebsrates die hinten im PWW auf dem Tisch eines Meisters liegenden Lohnstreifen sah und mitnehmen wollte, um sie vorn zu verteilen, kreuzte einer der Walzwerksdirektoren auf und bestand darauf, daß das nicht ginge; die Kollegen sollten sich die Abrechnungen vielmehr an Ort und Stelle selber abholen. Was dieser Trick bewirken sollte, war jedem schnell klar: auf diese Weise wollten sie uns wieder mal einzeln ins Walzwerk locken, um uns besser bearbeiten zu können. Inzwischen aber war ein Gerichtsurteil bekannt, das über 42 Kollegen Werksverbot verhängt hatte.[13] Der Betriebsrat wies den Direktor nun darauf hin und brachte ihn damit in die Klemme: der hohe Herr konnte jetzt schlecht sagen, das Urteil, welches ja ganz im Sinne der Kapitalisten ausgefallen war, interessiere ihn nicht. Wie sollte er das Urteil aufheben können? Da machte er einen andern Umweg und empfahl, die Lohnabrechnungen vom Nachmittag an in der Personalabteilung abzuholen. Als wir das vorne gesagt bekamen, reagierten die Kollegen sofort und richtig: einige wollten sich den Kontoauszug von der Bank holen, während ein Großteil der Arbeiter geschlossen zur PAL marschierte. Dann ging einer rein und forderte die Herren auf, die Lohnstreifen vor der Tür der PAL auf der Straße auszugeben. Was blieb ihnen da anderes übrig. Sie mußten die Abrechnungen draußen verteilen.
Ein erneutes Einschüchterungs- und Spaltungsmanöver war fehlgeschlagen, die Kampffront nicht aufzubrechen.

Das Streikbrechertheater

Nach diesen Tricks waren die Kollegen gegen solche und ähnliche Versuche, sie einzeln umzukippen, einigermaßen immun. Da probierten die Herren es mit der Angst. Sie nahmen an, daß der Streik abbröckeln werde, wenn sie uns immer mehr »arbeitswillige« Kollegen vorzeigten. Gute Gelegenheit, diese Kollegen vorzuzeigen, war der nächste Tag, an dem ein Teil der PWWler die restlichen Lohnabrechnungen entgegennahm. Diese Abrechnungen waren tags zuvor noch nicht fertig gewesen.
Als nun einer der Kumpels in die Personalabteilung ging, sah er dort etwa zwanzig Arbeiter herumstehen. Plötzlich ging eine

13 vgl. »Die Klassenjustiz bekämpft den Streik«, S. 24.

Tür auf, und ein Angestellter rief: »Die Arbeitswilligen des PWW hier anstellen.« Die zwanzig stellten sich an. Da der Kumpel wußte, daß morgens alle »Arbeitswilligen«, d. h. alle Streikbrecher und Leute aus (von Anfang an) nicht streikenden Teilen des PWW zur PAL beordert worden waren, mußte er annehmen, diese zwanzig seien die Umgefallenen nur von diesem einen Tag. In heller Aufregung verließ er die PAL und kam ans Tor 1. »Mindestens 20 sind heute umgefallen«, ereiferte er sich, und da er ohnehin nicht zu den Kämpferischsten zählte, zweifelte er augenblicklich am Sieg überhaupt. Wir besprachen die Lage. Schließlich wurde ein Kollege beauftragt, sich in der PAL mal umzusehen. Er sah sich um. Streikbrecher aber fand er nicht. Es war niemand mehr da.
Alle diese (milde gesagt) Tricks liefen entweder darauf hinaus, uns Angst zu machen oder einzeln aus der Streikfront herauszubrechen. Nach einer Zeit aber waren wir so gewitzt, daß kaum noch jemand auf sie hereinfiel und wir entweder nur noch spöttisch oder überhaupt nicht mehr reagierten.
Den gefährlichsten Anschlag auf unsere Solidarität aber übten sie am 7. März, Mittwoch früh aus.

Der Delegiertentrick

An diesem Morgen ist plötzlich einer der ganz großen Bosse da: Dr. Gundulach. Jovial klopft er einigen Kollegen auf die Schulter. »Na, wir kennen uns nun ja auch schon viele Jahre, was. Haben wir jemals Streit miteinander gehabt?«, wendet er sich an einen Vertrauensmann. »Nein, Herr Doktor.« – »Na sehen Sie. Warum denn jetzt?« Obwohl Gundulach genau weiß warum, spielt er das neugeborene Kind und läßt sich von den Kollegen aufklären. Er holt Zigaretten aus der Tasche und bietet sie an: »Wer raucht Reval?« Ein paar Kollegen greifen zu und meinen, sich halb bei den andern dafür entschuldigend: »Wird ja doch auf Spesen bezahlt.« – »Nein, bestimmt nicht, habe ich mir selber am Automaten gekauft«, erwidert Gundulach selbstgefällig. Ein anderer Kollege dagegen, als besonders kampfentschlossen und als Kommunist bekannt, lehnt es ab, einen Glimmstengel von dem Boß zu nehmen. »Ich kann mir selber kaufen«, sagt er. »Aber, aber, doch nicht so unfreundlich«, entrüstet sich Gundulach. »Herr Direktor, Sie kommen doch nicht, um hier zu erklären, daß wir rechtmäßig streiken. Sie wollen doch was von uns, und das ist nichts Gutes. Nach den Tricks der letzten Tage, nach den Verleumdungen gegen uns können Sie doch nicht erwarten, daß wir noch ein Wort aus dem Munde eines Direktors glauben.« – »Meine Herren«, kontert Gundulach, »wir verstehen ja Ihre Erregung. Aber wir können nur verhandeln, wenn wir nicht unter Druck stehen. Wir wissen

ja noch nicht einmal, warum Sie hier stehen.« – »Ja, wenn wir Ihnen unsere Sorgen und Nöte vortragen könnten«, hakt ein Vertrauensmann ein.
»Aber bitte, meine Herren, selbstverständlich. Schicken Sie eine Abordnung zu uns hoch. Herr Direktor Steinhauer und Direktor Henne werden mit Ihren Vertretern sprechen.«
»Vorsicht, Kollegen, fallt nicht auf diesen Trick herein. Denkt an Hoesch. Dort wollten sie die sogenannten Rädelsführer entlassen«, wendet der kämpferische Kollege ein, der schon vorher die Vertrauenswürdigkeit der Bosse bezweifelt hatte. »Ach du, wenn wir endlich einmal Gelegenheit haben, selber auf unsere Forderungen aufmerksam zu machen, warum sollten wir es nicht tun?«, antwortet ein anderer etwas unwillig. »Nein. Der Betriebsrat verhandelt, und wenn der Werksvorstand etwas wissen will, dann soll er sich an den Betriebsrat wenden.« Dieses Für und Wider endet vorläufig damit, daß sich einige Kollegen entschließen, doch mit den Bossen zu sprechen. Die anderen schweigen. »Also, meine Herren, bis gleich.« Gundulach geht. Sobald er weg ist, entstehen erneut heftige Diskussionen.
»In Petersburg 1905 hat ein Pfaffe den Petersburger Arbeitern gesagt, sie sollten dem Zaren ihre Sorgen und Nöte erzählen und Choräle singend zum Zarenpalast gehen. Wißt ihr, was passiert ist? Sie wurden von den Kosaken zusammengeschossen!« Der sozialistische Kollege redet sich in Wut. »Der Zar kannte sehr wohl die Sorgen und Nöte der russischen Arbeiter. Sie dennoch auf den Zarenpalast marschieren zu lassen, war nichts als ein böser Trick, und das hier ist ebenso ein Trick. Man will uns von innen weich machen. Man bequatscht einige und macht ihnen halbe Zugeständnisse, doch ehe sie sich versehen haben, werden sie aufgefordert, wieder arbeiten zu gehen. Ja, verdammt noch mal, wollen wir bis heute sieben Tage umsonst gestreikt haben? Habt ihr denn ganz vergessen, was diese Herren in den letzten Tagen mit uns zu machen versucht haben? Wenn die was wollen, wenn sie unsere Forderungen erfüllen möchten, sollen sie sich an den Betriebsrat wenden. Solange der BR unsere Interessen gut vertritt – und bislang tut er das – ist er der Verhandlungspartner. Eine Delegation aber brauchen wir nicht.«
Auch andere Kollegen sprechen sich gegen die Delegation aus. Endlich beschließen wir, niemanden von uns zur Direktion zu schicken. Die Ahnung, dort individuell fertig gemacht zu werden, hat sich bei beinahe allen durchgesetzt. Damit ist der gefährlichste Anschlag der Unternehmer auf die Kampfkraft der Arbeiter gescheitert.
Wie wichtig den Bossen dieser Angriff war, zeigt uns später die Tatsache, daß Gundulach nachmittags noch einmal ans Tor

kam und nachfragte, wie es nun mit der Delegation aussehe. Wir bleiben bei unserem Beschluß. Gundulach bekommt eine abschlägige Antwort.
Noch am selben Abend sollte sich dann herausstellen, daß wir richtig gehandelt hatten: Während die Geschäftsleitung sich vorher nicht einmal zu unverbindlichen Gesprächen bereit gefunden hatte, war sie nun plötzlich verhandlungsbereit. Ich werde später darüber berichten.

Die Arbeiter besetzen den Rollgang

Der Verhandlungsbereitschaft der Unternehmer jedoch gehen weitere Aktionen voran, mit denen sie uns in die Knie zwingen wollen. Am Sonntag geht das Gerücht um: Morgen früh wollen sie mit den Meistern, Assistenten und einigen Streikbrechern zu walzen anfangen. Sie beabsichtigen also, der Frühschichtbelegschaft vorzugaukeln, daß das Profilwalzwerk wieder in Betrieb ist. Schon bald erhalten wir die Bestätigung für das Gerücht. Die Direktion läßt Flugblätter verteilen, auf denen es schwarz auf weiß zu lesen ist: Morgen früh, Rosenmontag soll gewalzt werden. Die Kumpels wissen, was das bedeutet: »Wenn sie das schaffen, dann ist es aus.« Was tun? Wir sind zuerst ratlos. »Was sollen wir schon machen? Wir können doch die Meister nicht mit Gewalt daran hindern, zu arbeiten. Und die Anlagen, die können wir auch nicht einfach zerstören.« Aber trotzdem muß etwas geschehen. Große Ratlosigkeit. Bis einem einfällt: »Mensch, der Rollgang!« Wir verständigen uns darauf, den Rollgang zu besetzen. Damit ist eine Lösung gefunden.
Die Rollgänge sind Straßen mit breiten Rollen, auf denen sich das glühende Material zu den Walzen bewegt. Wenn diese Rollgänge besetzt sind, kann niemand auf ihnen Stahl transportieren. Also kann auch nicht gewalzt werden.
Montagfrüh: Kurz vor sechs Uhr versammeln sich die Kumpels der Nacht- und Frühschicht vor dem seit Streikbeginn besetzt gehaltenen Direktionsgebäude der Hütte. »Denen werden wir es zeigen! *Die* walzen nicht.« Zur gleichen Zeit geben die Herren im Walzwerk die letzten Anweisungen. Die Öfen sind offen, die Meister und Assistenten auf den Kommandobrücken. Dabei hatte es vorher ein Problem gegeben: Für eine Kommandobrücke war kein dafür ausgebildeter Mann zur Stelle; und das ausgerechnet für die wichtigste Brücke am ersten Rollgang, wo die aus dem Ofen geholten Blöcke zum Lineal[14] gefahren werden. Sie hatten das Problem gelöst, indem sie einen Meister, der dafür ausgebildet war, aber gerade in Öster-

14 Vorrichtung zur Ausrichtung der Stahlblöcke.

reich Urlaub machte, mit dem Flugzeug zurückholten. Also mußte jetzt alles klappen – dachten sich die Herren.
Kurz vor sechs Uhr: Das Wasser läuft, die Walzen drehen sich schon. Die Kranführer werden auf die Kräne geschickt. »Die wollen tatsächlich walzen«, sagt ein Kranführer erstaunt. »Warte nur ab, die Kumpels waren bis jetzt clever, die lassen sich schon noch was einfallen«, entgegnet einer seiner Kollegen gespannt.
Und da passiert es: Etwa sechzig Walzwerker marschieren in die Halle. Erstaunt sehen die Bosse die Arbeiter kommen. »Wollen die arbeiten?«, fragen sich die Herren ungläubig. Doch dann geht alles ganz schnell. Die Kumpels gehen auf den Rollgang zu, steigen die Treppe herauf und bleiben stehen. Wenige Minuten, bevor dieser neue Anschlag der Herren starten sollte. Ein Anschlag, mit dem sie uns zeigen wollten, daß es auch ohne uns geht. Hätten sie auch nur zehn Minuten gewalzt, wäre das für viele Kollegen eine psychologische Niederlage gewesen. Sie hätten sich dann vielleicht eingeredet, ja gar nicht gebraucht zu werden. Genau darum war es wichtig, den Bossen durch unsere Aktion zuvorzukommen.
Unser Erfolg ist groß: Die Nachtschichtler, die um diese Zeit normalerweise schon auf dem Heimweg sind, bleiben freiwillig in der Hütte. Viele werden erst am späten Abend oder am anderen Tag nach Hause kommen. Sie wissen: Es geht um die Arbeitersache, nicht um den Profit der Kapitalisten. Da sieht man nicht auf die Uhr.
Die Kranführer unterstützen die Walzwerker und machen klar, daß sie keinen einzigen Block aus dem Ofen holen werden, solange noch ein Kollege auf dem Rollgang ist. Auch die Einschüchterungsversuche der Herren nützen nichts. Eifrig und übertrieben auffällig schreiben sie die Namen der Arbeiter auf. Aber die Kollegen lachen darüber: »Die können doch gar nicht alle entlassen. Wollen die etwa in Zukunft selber arbeiten?« Auch als einer der Direktoren auf den Rollgang geht und uns wiederholt auffordert, ihn zu verlassen, damit sie mit dem Walzen anfangen können, bringt ihn das kein Stück weiter. Die Kollegen drehen dem Direktor den Rücken zu und antworten ihm mit keiner Silbe. Schließlich merkt der Boß, daß es keinen Zweck hat, und verschwindet. Gegen sieben Uhr kommt ein Journalist mit dem Pressemann der Hütte ins PWW. Er will fotografieren. Doch die Kollegen zeigen sich ihm nur von hinten. »Der ist von der WAZ, die lügen.«[15]
Mittags werden die Öfen ausgemacht. Nun ist es innerhalb der nächsten 24 Stunden nicht möglich, die Blöcke wieder auf Temperatur zu bekommen. Wir haben Zeit gewonnen.
In einem Flugblatt der Direktion vom selben Nachmittag steht

15 WAZ = Westfälische Allgemeine Zeitung. Steht der SPD nahe.

die Wahrheit über die Besetzung auf dem Kopf. Dort heißt es u. a.: »... Die Frühschichtbelegschaft und weitere Arbeitswillige des PWW waren heute, am 5. 3. 1973, um 6.00 zur Arbeit angetreten, um an ihrem Stammarbeitsplatz die Produktion wieder aufzunehmen. Streikende der anderen Schichtbelegschaften haben die Arbeitsaufnahme ihrer Kollegen gewaltsam verhindert...«
Ja, die Frühschichtbelegschaft war angetreten, aber nicht um die Arbeit aufzunehmen, sondern um die »weiteren Arbeitswilligen«, also die Assistenten und Meister, am Walzen zu hindern. Die Kollegen hatten über die Streikbrecher gesiegt. Damit hatte Mannesmann nicht gerechnet.

Die Klassenjustiz bekämpft den Streik

Doch die Unternehmer bekämpfen die Arbeiter nicht nur in Flugblättern. Sie holen die Justiz gegen uns zu Hilfe. So bekommen am Dienstag alle Kollegen einen Brief ins Haus: Ein Schreiben der Geschäftsleitung und als Anlage die Kopie eines Beschlusses des Duisburger Arbeitsgerichtes. Dieser Beschluß verbietet 42 Kollegen einstweilen, das Werksgelände der Mannesmann Hüttenwerke zu betreten. Bei Nichtbeachtung des Beschlusses droht ihnen eine Geldstrafe von mindestens jeweils 3000 DM. Weiter heißt es darin: »Die Geldstrafe kann in eine Haftstrafe umgewandelt werden... Gründe: Die Antragstellerin (also die Unternehmensleitung) hat glaubhaft gemacht, daß die Antragsgegner (also die Arbeiter) den Betrieb wild bestreiken und dadurch die Produktion im Profilwalzwerk lahmgelegt haben. Das Verhalten der Antragsgegner stellt einen unrechtmäßigen Eingriff in das Recht am eingerichteten und ausgeübten Gewerbebetrieb dar..«
Die Feuerwehr schickt jedem der 42 von dem Beschluß betroffenen Kollegen eine Liste zu, auf der er die Namen der jeweils anderen finden kann. Diese Liste überprüfen wir gemeinsam. Da stellt sich heraus, daß die 42 Kollegen zusammen genau eine komplette Besatzung der Walzen ausmachen. Auf diese Weise wollte man sie also zum Umfallen zwingen, um dann endlich mit dem Walzen beginnen zu können. Es stellte sich aber noch mehr heraus: Auf der Liste waren sogar zwei Kollegen vermerkt, die bei der Besetzung des Rollgangs überhaupt nicht dabei waren. Während der eine von den beiden krank im Bett lag, war der andere in Urlaub. Die Herren hatten also nicht einmal genau hingesehen, als sie während der Besetzung die Namen der Arbeiter notierten.

Der Rollgang bleibt trotz Gerichtsurteil besetzt

Noch am selben Abend werden die Öfen wieder angefahren, denn Mittwoch soll ein neuer Versuch unternommen werden zu walzen. Die Konzernbosse haben noch nicht aufgegeben. Sie müssen das Walzwerk in Gang bringen, koste es, was es wolle. Sie wissen nur zu gut, daß hier ein Beispiel geschaffen wird: Wenn dieser Streik erfolgreich verläuft, dann wird es einen heißen Sommer geben. Eine so ruhige Metalltarifrunde wie die im Januar 73 wird dann nicht wieder über die Bühne laufen. Denn andere Betriebe werden dann nachziehen und ebenso die Brocken hinwerfen. Nicht umsonst ist dieser Streik fast durch die ganze Presse gegangen. Die breite Öffentlichkeit, welche er erzeugt hat, ist nicht zufällig entstanden. Hier wird eine Art Fanal gesetzt. Sogar ausländische Zeitungen haben über den Streik berichtet. All das wissen die Bosse genau. Gelingt es ihnen also, diesen Streik abzuwürgen, haben sie leichtes Spiel. Ein Zusammenbruch dieses Arbeitskampfes im kampfstärksten Duisburger Betrieb würde den Stahlbaronen eine äußerst günstige Position verschaffen und die Kollegen in den anderen Fabriken entsprechend entmutigen. Aber was den Kapitalisten klar ist, wissen auch wir Arbeiter: Die Produktion darf nicht aufgenommen werden. Dahin darf es nicht kommen. Sonst ist es aus für uns. *Wir müssen siegreich sein.*

Wer das weiß, dem ist klar: Mittwochnachmittag sind wir auf dem Rollgang.

12.30 Uhr. Wir trommeln die Kollegen für die erneute Rollgangbesetzung zusammen. Zwar können die 42, über die das Werksverbot verhängt wurde, diesmal nicht selber dabei sein. Aber wir haben ihre Unterstützung. Nur einer von ihnen ist umgefallen. Kurz vor 13.00 Uhr marschieren wir los. Wenig später sind wir auf dem Rollgang. Entsetzt blicken uns die Direktoren an. Sie verstehen die Welt nicht mehr.

Schnell ist Boß Junkers da und fordert uns auf, Rollgang und Werksgelände zu verlassen. Aber wie schon bei der ersten Besetzung erprobt, drehen die Kollegen dem Direktor den Rükken zu. Unter allgemeinem Gelächter witzelt einer: »Nix verstehen, Gastarbeiter.« Mit puterrotem Kopf verschwindet Junkers. Eine Stunde später bekommen wir zu unserer Überraschung Essen gebracht. Eine Frauengruppe hat es gekocht und bringt es sogar bis an den Rollgang. Die Freude ist groß. Diese Solidaritätsaktion zeigte uns außerdem, daß der Werkschutz nicht imstande war, das Hüttengelände zu kontrollieren. Als bei Schichtbeginn um 14.00 Uhr ein anderer Direktor erscheint und uns wiederholt bittet, den Rollgang zu räumen, erhält er eine ähnliche Abfuhr wie der andere Boß. Mit vollem Mund kauend scherzt ein Kollege mit einem anderen: »Weißt du, was flüssiger ist als Wasser?« »Nein.« – »Der da, der ist überflüssig.« Wütend verschwindet auch dieser Direktor. Um 15.00 Uhr schließlich versucht ein Herr von der Personalabteilung sein Glück bei uns. Er läßt seine Sprüche los: Rollgang verlassen, wir würden gewaltsam die Arbeit verhindern, überhaupt raus aus dem Werk mit uns, und die Arbeitswilligen sollten sich bei der Personalabteilung melden. Der Herr trägt eine SPD-Nadel. »Und die habe ich am 19. November gewählt. Nicht wieder«, meint ein Kollege geringschätzig. Der PAL- Mann verschwindet.

Mit der Arbeitersolidarität gegen die Unternehmertaktik

Am Eingang der PWW-Halle drängen sich die Kollegen anderer Betriebe. Von den PWW-Kumpels lassen sie sich erklären, worum es geht. Die Zustimmung ist groß: »Es ist richtig, was ihr macht, haltet durch!« Diese Ansätze von Solidarität versucht die Werksleitung, überall wo sie sie antrifft, zu bekämpfen. So erzählt ein Kranführer aus dem Stahlwerk, daß sich sofort ein Meister einmischte, als er vorhin kurz mit ein paar Kollegen sprach. »Haben Sie keine Arbeit?«, hatte ihn der Meister angeranzt. Beispielsweise war es den Schlossern und Elektrikern des PWW, die aber betriebsorganisatorisch nicht zum Profilwalzwerk gehören, untersagt, größere Reparaturen zu machen. Warum? Ganz einfach. Sollte ihnen während einer solchen Reparatur plötzlich »Streik« einfallen, wäre die elektrische Anlage mit einem Schlag unterbrochen, und niemand könnte mehr walzen; selbst, und das ist das Entscheidende, die Streikbrecher nicht mehr.
Während die Bosse in jedem Kontakt zwischen den streikenden Arbeitern und den anderen Kollegen eine Gefahr witterten und ihn zu verhindern versuchten, unterließen sie nichts, um durch ihre eigenen Leute Einfluß auf die Streikenden zu gewinnen.
Beispiele dafür gibt es genug. Als einige Kollegen von der Toilette zum Rollgang zurückkehrten, quatschte sie der Assi Besser an: »Ich bin ja ganz auf Ihrer Seite. Aber ich bin Angestellter, Sie müssen verstehen, da kann ich nicht mitmachen.« Manche Kollegen hielten Besser für ehrlich, andere dagegen waren davon überzeugt, daß auch das wieder nur ein Trick war. Sie meinten, man wolle nur testen, ob man uns überhaupt ansprechen könne.
Kurz darauf tut ein zweiter Assistent einem Kollegen gegenüber sehr kollegial: Er verstehe uns ja, aber ob wir was erreichen könnten, sei doch sehr fraglich. Man müsse sich doch davor hüten, seinen Arbeitsplatz so leicht in Gefahr zu bringen. Mannesmann würde das PWW sicher bald stillegen. Spätestens

jetzt war klar, daß er nichts als die Lügen seiner Vorgesetzten vertrat. Die Kollegen lassen ihn stehen. »Ihr hattet recht«, sagen sie zu den anderen auf dem Rollgang, die schon vorher gewarnt hatten. »Man soll mit denen gar nicht erst sprechen.« Über die Rolle der Vorgesetzten verständigen wir uns dann schnell: »Die wissen auch, daß sie beschissen dran sind, zumindest was die Meister und Assistenten betrifft. Sie müssen sich mit uns herumärgern. Aber ihre Aufgabe ist es, uns anzutreiben. Dafür bekommen sie ihr Geld, deshalb gehören sie nicht zu uns.«

Die Unternehmer setzten aber nicht nur das Mittel der Spaltung gegen uns ein, sondern kalkulierten auch die offene Gewalt. So erfuhren wir, daß der Werkschutz den Auftrag bekommen hatte, uns mit Gewalt von den Rollgängen zu vertreiben. Die Feuerwehr sollte für alle Fälle Unfallwagen bereitstellen. Um das Profilwalzwerk wieder in Gang zu bringen, scheuten die Herren also auch vor Blutvergießen nicht zurück. Der Werkschutz weigerte sich jedoch einzugreifen. Dann sprach sich herum, sie setzten Polizei ein. Der Duisburger Polizeipräsident, Sozialdemokrat, hatte sich schon Tage vorher gegen den Streik ausgesprochen und ihn für unrechtmäßig erklärt. Aber auch die Solidarität der Kumpels sprach sich herum und sollte stärker sein. »Wenn sie Polizei gegen die Profilwalzwerker einsetzen, dann gießen wir nicht mehr,« drohten die Kranführer im Blasstahlwerk I. Und die Eisenbahner der Hütte kündigten an, mit Waggons die Ausfahrtstraßen zu versperren. Ständig waren Beobachter anderer Betriebe der Hütte im PWW und ermutigten uns. »Wenn die gegen euch mit Gewalt vorgehn, kommen wir zu Hilfe, und die Polizei holt sich blutige Köpfe!« Angesichts dieser Warnungen wagte Mannesmann es nicht, Polizei gegen die PWW-Kumpels einzusetzen. Von Mittwoch, dem 7. März an gaben wir die Besetzung des Rollganges nicht mehr auf. Rund um die Uhr löste sich Schicht für Schicht am Rollgang ab. Diese Disziplin löste bei den Kollegen anderer Betriebe immer wieder Respekt und Verwunderung aus. »Das sind Jungs«, hörten wir sie sagen, »die sind knallhart. Aber das ist richtig, wir sollten es ihnen nachmachen.«

Die Solidarität war breit. Überall in der Hütte standen die Kollegen auf unserer Seite. Mit Worten! Natürlich wußten sie, daß es die beste Unterstützung wäre, wenn sie mitstreikten. Sie nahmen auch genügend Anläufe, zu Anschlußstreiks aber kam es aus zwei Gründen nicht. Erstens waren überall dort, wo ein paar Kollegen zusammenstanden, sofort Meister oder Assis in der Nähe. Die Eisenbahner durften nur noch zu zweit und nur im Beisein von Vorgesetzten Kaffeepause machen. Betriebsratsmitglieder konnten kaum noch unbehelligt von Vorgesetzten

mit den Arbeitern sprechen. Der Werksvorstand nahm nicht zu Unrecht an, daß der Betriebsrat auf der Seite der streikenden Kollegen stand und nur durch das Betriebsverfassungsgesetz an einer aktiveren Streikunterstützung gehindert wurde. Das Klima auf der Hütte war wie in einem Ausnahmezustand. »Paßt nur auf, die bringen noch Schilder an mit der Aufschrift: ›Ansammlungen von mehr als drei Personen sind verboten. Bei Zuwiderhandlung wird von der Schußwaffe Gebrauch gemacht.‹«, sagten einige Kollegen sarkastisch.
Zweitens fehlten Kollegen, die die Anschlußstreiks hätten koordinieren können. Der Betriebsrat konnte da nicht aktiv werden. Also hätten die Vertrauensleute ran gemußt. Es fehlte auch nicht an Einzelinitiativen von linken V-Leuten, aber die Vertrauensleuteleitung unter Bünk verhinderte systematisch, daß Initiativen größeren Ausmaßes gestartet wurden.
Aber auch wenn der Streik im PWW auf die anderen Betriebe nicht übergriff, gab es genug Beweise auch materieller Solidarität. Die Kollegen der Stoffwirtschaft und der Qualitätskontrolle spendeten je einen Stundenlohn für uns. Die Schlosser und Elektriker, die Kranfahrer und viele andere Kollegen gaben zehn Mark und mehr. Einige Putzfrauen spendeten ebenfalls zehn Mark, obwohl sie äußerst schlecht bezahlt werden. Von anderen Betrieben kamen Getränke, Zigaretten und Würstchen. Die Putzfrauen der PWW-Waschkauen gaben jedem Streikenden ein Würstchen auf ihre Kosten aus. Ein Laufjunge gab sein restliches Taschengeld für März für den Streikfond ab. Und eine alte Frau, mit kleiner Rente, überließ uns fünfzig Mark. Diese Beweise tätiger Solidarität halfen entscheidend, daß wir durchhielten. Nicht in erster Linie wegen ihres materiellen Wertes, sondern weil wir dadurch fühlten: Wir stehen nicht allein, das Recht ist auf unserer Seite.

Die »kommunistischen« Bosse

Weiberfastnacht. Im Alten Waschraum des PWW sitzen die beiden Kauenwärter. Sie sind schon lange Jahre in der Hütte, wo sie sich für die Profite Mannesmanns verschlissen haben. Mit lächerlich geringem Lohn müssen die alten Kollegen jetzt auskommen. Hier bekommen sie sozusagen ihr Gnadenbrot. In der Produktion können sie nicht mehr arbeiten, weil sie zu krank sind.
Es klopft. Draußen stehen drei Männer. »Was wollt ihr«, fragen die beiden Alten. »Wir sind Kommunisten, wir wollen die streikenden PWWler sprechen.« Wütend wollen die Kauenwärter einem von ihnen an den Kragen: »Haut ab«, schimpfen sie, »hier sind keine Streikenden«. Auf einmal zeigen die

Männer ihre Ausweise. Und siehe da: Hinter den »Kommunisten« verstecken sich die Direktoren Steinhauer und Weisweiler und der inzwischen aus Luxemburg zurückgekehrte Arbeitsdirektor Henne.
Der Betriebsrat wird von dieser Frechheit informiert. Doch als er Steinhauer deswegen anruft, schiebt der alles auf den Karneval: »Das war ja nur ein Scherz.«
Die Kollegen lachen über die »Genossen«. Sie sind sich klar darüber, daß dieser Auftritt der Bosse eine Provokation sein sollte. Sie hatte das Ziel, den Arbeitskampf als eine von Kommunisten inszenierte Sache hinzustellen. Das war nicht das erste Mal. Schon vor Jahren war einmal die kampfstärkste Schicht des PWW, die Schicht 3 aufgelöst worden. Sie sei eine Kommunistenschicht, hieß es damals hinter vorgehaltener Hand. Offiziell wurde Arbeitsmangel als Begründung vorgeschoben.
Der Pressesprecher der Hütte erklärte jetzt auch prompt der SPD-nahen Neuen Rheinischen Zeitung (NRZ): »Der Streik bei Mannesmann ist von einer kleinen roten Gruppe inszeniert.«
Die Kumpels fackelten nicht lange, packten den Knaben und verlangten Auskunft. Da stritt er ab, das so gesagt zu haben. Die NRZ lüge, er werde ein Dementi verlangen. Es ist bis heute nicht erschienen.

Die Frauen

Wie schon erwähnt, bekamen wir von der Unternehmensleitung jeden Tag Briefe ins Haus. Mit diesen Briefen wollten sie nicht nur uns klein kriegen, sondern vor allem auch unsere Frauen weich machen. Die Frauen, so hofften die Bosse, würden schon Angst bekommen und dann Druck auf die Männer ausüben, sie sollten wieder an die Arbeit gehen. Die Drohbriefe wurden durch Kuriere der Werksleitung ausgefahren: durch Leute vom Werkschutz, die Feuerwehr, durch Fahrer der Herren Direktoren. Zum Teil wurden die Briefe gezielt so herumgefahren, daß sie am späten Abend, am frühen Morgen oder sogar in der Nacht bei uns ankamen. Es war keine Seltenheit, daß wir dadurch bis um 2.00 Uhr in der Nacht noch geweckt wurden. Dadurch sollten wir wohl völlig zermürbt werden.
Aber auch dieser Schuß der Bosse ging nach hinten los. Die Kollegen reagierten richtig auf den Terror. Sie informierten ihre Frauen über Gründe und Ziele des Streiks und erklärten ihnen, daß sie nur durch ihren Kampf mehr Geld bekommen könnten. Die Vorgeschichte, den systematischen Lohnabbau, kannten die Frauen sowieso schon lange. Ein Blick ins Portemonnaie genügte.

So brauchten die Kollegen um Verständnis bei ihren Frauen nicht lange zu ringen.
Schon nach einigen Tagen kamen immer mehr Frauen ans Tor. Sie diskutierten mit uns, sagten, sie fänden es ganz richtig, was wir machen, und halfen bei vielen Gelegenheiten. So entschlossen sie sich spontan, den DKP-Frauen, die mit der Ausgabe von Essen und heißen Getränken begonnen hatten, zu helfen. Eine andere Frau sprach den Kollegen, die mit ihren Frauen zu Hause wegen der Streiks Schwierigkeiten bekommen hatten, Mut zu. Sie bot sich an, auch mit den Frauen der Kollegen selber zu reden, und immer wieder forderte sie uns auf: »Gebt nicht nach, uns geht es dreckig genug! Wenn ihr nachgebt, dann wird's nur noch schlimmer!«
Oder nach dem Gerichtsbeschluß. Da wurde ein betroffener Kollege von einem anderen Kumpel gefragt, was denn seine Frau dazu sage: »Die ist hart. ›Fressen wir lieber trocken Brot, als daß wir jetzt nachgeben. Ich tret' dich in den Arsch, wenn du jetzt nachgibst‹.« Einer von den Kollegen, die es mit ihren Frauen nicht ganz so leicht hatten, war hellauf verzweifelt. Sie hatte ihm schon angedroht, ihn zu verlassen, wenn er nicht wieder arbeiten ginge. Nun wollte er natürlich seine Frau nicht verlieren, aber auch auf gar keinen Fall nachgeben und zum Streikbrecher werden. Wir rieten ihm, seine Frau doch auch einmal mit ans Tor zu bringen. Sie kam mit. Von dem Tag an war sie auch in der nächsten Zeit immer mit am Tor dabei. Am letzten Streiktag schenkte sie den Kollegen sogar eine Flasche Schnaps: »Damit ihr nicht friert«.
Was die Briefe der Unternehmer für einige Frauen wirklich bedeuteten, zeigte uns eine Frau, die, schwer herzkrank, an einem Abend ans Tor kam. Was sie sagen wollte, rief sie laut, so daß es jeder hören konnte. Sie wiederholte es immer wieder:
»Ich bin schwer herzkrank, ich darf keine Aufregung haben. Immer diese Briefe mit diesen Drohungen, Tag für Tag und dann mitten in der Nacht. Gestern und vorgestern so 'nen Wisch um 1.00 Uhr gebracht gekriegt. Man raubt uns ständig die Nachtruhe. Das ist eigentlich strafbar, aber gegen die geht doch kein Gericht vor, nur gegen uns. Was machen denn unsere Männer? Sind sie Verbrecher? Sie streiken für eine gerechte Sache. Sie haben lange genug mit Zureden und Geduld versucht, die Herren umzustimmen. Hat doch alles nichts genützt. Jetzt aber sind sie vorn und ich meine, sie sollten solange vorn bleiben, bis ihre Forderungen durchgesetzt sind ... Laßt euch von diesen Schweinen ja nicht an die Arbeitsplätze treiben!«

Anfangs existierte der Streik für die Zeitungen gar nicht. Die Presse schwieg ihn tot. Nach einigen Tagen erschienen dann die ersten kleinen Notizen. Schließlich bekamen wir auch Journalisten zu Gesicht. Der erste war von der »Westdeutschen Allgemeinen Zeitung« (WAZ). Er fotografierte, sprach mit der Direktion, dem Betriebsrat und mit uns. Was später im Lokalteil erschien, war ein Artikel, der eindeutig gegen den Streik gerichtet war. Als der Journalist tags darauf wieder auf die Hütte kam, erkannten die Kollegen ihn und wollten ihn wegjagen: »He, Sie sind doch der von der WAZ. Hau ab, ihr lebt doch nur vom Lügen.« Da bekam er Angst. »Ich habe den Artikel doch gar nicht geschrieben. Ich habe nur die Informationen gesammelt. Der Artikel stammt von einem Herrn Neikes. Rufen Sie den doch mal an deswegen. Ich kann wirklich nichts dafür.« – »Gut«, lenken die Kumpels ein, »wollen wir Ihnen das einmal glauben. Aber wenn wieder solche Hetzartikel gegen uns erscheinen, dann ist Schluß.« Seitdem wurden die Beiträge in der WAZ etwas besser. Sie haben zumindest nicht mehr so offen allein die Position des Konzerns dargestellt.
Wir diskutierten danach über die Rolle der Presse: »Die Presseleute können ja oft gar nicht anders, selbst wenn ein Schreiber das mal will. Die bekommen sonst keine Anzeigen mehr und gehen pleite. Außerdem sind die Herausgeber ja selber Kapitalisten. Das Sprichwort: ›eine Krähe hackt der andern kein Auge aus‹ gilt auch hier.«
Mannesmann aber versuchte weiterhin, uns durch gezielte Lügen zu diffamieren. Unsere seit Streikbeginn durchgehaltene Besetzung des Direktionsgebäudes kam ihnen dabei sehr gelegen. Da wir die ersten Tage in Arbeitsklamotten vorn waren, blieb es nicht aus, daß der Teppich dort bald schmutzig wurde. Wir arbeiten eben nicht in weißen Kitteln. Das nutzte Mannesmann aus und verbreitete in anderen Betrieben der Hütte durch die Betriebschefs und durch Handzettel an die Geschäftsleute in Huckingen, Hüttenheim und anderen Stadtteilen, in denen hauptsächlich Mannesmann-Arbeiter wohnen: Wir hätten den Teppich zerschnitten, Telefonkabel aus der Wand gerissen, Polstermöbel beschädigt, Schreibmaschinen zerstört und Automaten geknackt. Alles Lügen! Das Ergebnis war: Ein Metzgermeister aus den Arbeiterstadtteilen packte eine große Tüte mit Fleischwurst ein und brachte sie uns ans Tor; ein Bäckermeister brachte Berliner an, und als ein Gastwirt erfuhr, daß eine DKP-Gruppe bei ihm für die Streikenden Würstchen kaufen wollte, um sie uns zu spendieren, gab er sie anstatt für 2,30 DM pro Stück für nur 1 DM ab: »Ich will an den Streikenden nichts verdienen.«

Nach dem Hetzartikel in der WAZ kamen auch Vertreter anderer Zeitungen und Leute vom Fernsehen zu uns. Ein Journalist der Zeitung »Unsere Zeit« (UZ) war einer der ersten. Ihre Erfahrungen hatten den Kollegen gezeigt, daß sie Journalisten gegenüber sehr skeptisch sein müssen. Als der UZ-Mann sich aber als Schreiber einer linken Zeitung zu erkennen gab, war das Eis zwischen ihm und den Arbeitern schnell gebrochen. »Gut, dann komm mit«, forderten ihn die Kollegen auf und gingen mit ihm ins Direktionsgebäude nach vorn, wo die andern Kumpels warteten. Dort konnte er offen und frei mit ihnen sprechen. Zwar paßte der UZ, wie sich kurz darauf herausstellen sollte, die reaktionäre Rolle des Gewerkschaftssachbearbeiters Bünk und auch die Abwiegelungspolitik der IGM-Führung[16] nicht in ihren ideologischen Kram, so daß sie beides einfach verschwiegen, aber die Kollegen gingen erst einmal davon aus, daß kommunistische Zeitungen auf ihrer Seite stehen. Und gemessen an den Berichten in anderen Blättern, waren die Artikel in der UZ und der »Deutschen Volkszeitung« (DVZ) auch tatsächlich die besten. Sie unterstützten uns wenigstens ehrlich und prangerten die Rolle der Unternehmer an. Daß sie bei der Gewerkschaft, anstatt den Apparat zu kritisieren, um jeden Preis lieb Kind spielten, ist zwar ein verdammter Opportunismus, aber das konnte uns im Moment noch nicht so interessieren. Uns mußte es in erster Linie vielmehr darum gehen, daß unsere berechtigten Forderungen in der Öffentlichkeit unverfälscht dargestellt wurden. Und das geschah in diesen Zeitungen. Daß der UZ-Mann von den Kollegen so bereitwillig Informationen bekam, zeigt außerdem, wieviel Kredit Sozialismus und Kommunismus bei den Arbeitern, besonders bei den fortschrittlichen, wieder haben.
Dienstagnachmittag beschlossen wir, den anderen Kollegen der Hütte einmal genauer mitzuteilen, um was es uns ging. Das war notwendig, um uns gegen die Angriffe in der Presse zu wehren. Dazu bestimmten wir ein paar Kollegen, die ein Flugblatt schrieben. Dieses Flugblatt verteilten wir dann Mittwochfrüh selber am Tor. Nachmittags beriefen wir eine Pressekonferenz ein und wählten Kollegen aus, die dort sprachen.

Bleiben wir Arbeiter allein?

Nachdem der Delegiertentrick gescheitert war, mußten die Unternehmer einlenken und verhandelten endlich mit dem Betriebsrat. Die Verhandlungen begannen am 5. März, am sechsten Tag unseres Kampfes. Sie sollten mehrere Tage dauern. Zwischendurch und vorher aber erlebte der Streik neue

16 vgl. »Die IG Metall will den Streik unterdrücken«, S. 35.

Tiefpunkte und neue Erfolge. Einer dieser Tiefpunkte war sicherlich der 1. März gewesen, an dem die Bosse es geschafft hatten, die mit uns solidarische Mittagsschicht der Blasstahlwerker nach sechs Stunden Streik wieder an die Arbeit zu schikken. Mit leeren Versprechungen. Tags darauf war die Stimmung bei den PWWlern entsprechend schlecht. Nicht wenige fragten sich: »Wir bekommen die Streikzeit nicht bezahlt. Wie bezahlen wir dann die Miete, wie die Raten?«

Der Werksvorstand griff solche ehrlichen Fragen der Kollegen geschickt auf und drehte sie zu Argumenten gegen den Streik um. In einem seiner Flugblätter wurde den Kumpels dann auch gedroht: »Ihnen ist bekannt, daß 1. nicht geleistete Stunden nicht bezahlt werden ... 2. es dem Unternehmen möglich ist, Schadenersatzforderungen gegen Sie geltend zu machen«, usw.

In dieser Situation schien einigen der Streik aussichtslos. »Wir stehen doch alleine, uns hilft niemand, die lassen uns aushungern.« Andere setzten auf die Gewerkschaft: »Die machen uns alle schadensersatzpflichtig und was dann? Soviel Geld verdienen wir unser Leben lang nicht. Die Gewerkschaft muß helfen!« – »Die Gewerkschaft? Ha, lies doch mal die Zeitung. Bulitz[17] hat sich distanziert von uns. Loderer auch. Also stehen wir allein, allein aber schaffen wir es nicht.« – »Wir müssen es schaffen, sonst regiert bei uns die Peitsche!« – »Ja, richtig, aber was passiert, wenn wir alleine bleiben, wenn uns keiner hilft?«

An diesem Nachmittag des 2. März löste Schicht 1 die Frühschicht ab. Schicht 1 aber war die kampfschwächste Gruppe. Die Kumpels diskutieren heftig miteinander: »Wir müssen durchhalten.« – »Durchhalten? Die walzen auch ohne uns. Bei Thyssen oder Krupp. Und was dann? Wir fliegen raus hier.« – »Quatsch!«, versuchen andere sie zu beruhigen. Die meisten Kumpels aber schweigen und blicken ernst vor sich hin. Besorgte Gesichter überall. Was wird aus der Familie? Was aus der Werkswohnung? Viele von ihnen arbeiten schon Jahrzehnte auf der Hütte, ihre Väter oft ebenfalls. Und jeder weiß: Wer bei Mannesmann rausfliegt, der kann auf den Bau gehen oder in irgendeiner Klitsche anfangen, denn sowohl Thyssen wie Krupp stellt so einen nicht ein, und die DEMAG gehört zu Mannesmann. Was tun? Diese bange Frage bewegt viele. Warum nur kommt keine Hilfe von außen? Was alle denken, spricht ein Kollege aus: »Ja, kommt denn keine Hilfe von außen? Sonst stehen die Gruppen doch immer am Tor und verteilen Blätter und Zeitungen und geben uns kluge Ratschläge. Und jetzt? Jetzt schreien sie: ›Haltet durch, Jungs!‹. Ja, zum Teufel, daß wir durchhalten müssen, wissen wir selber am besten. Dazu brauchen wir sie nicht.«

17 Bulitz: I. Bevollmächtigter der IGM in Duisburg.

Die Organisationen am Tor

1. Die DKP

a) Solidarität und Zusammenarbeit an der Basis

Noch am selben Nachmittag (2. März) ist auf einmal die Betriebszeitung der DKP »Roter Punkt« zu haben. Eigentlich steht da nichts Umwerfendes drin, aber auf der letzten Seite heißt es: »Viele Kollegen anderer Werksteile wollen Geld für die PWWler spenden.« Diese Notiz löst in der nächsten Zeit eine für die Kampfmoral der Kollegen sehr wichtige Unterstützungskampagne aus. Ein Ungenannter spendet sofort 200 DM. Aus der Bevölkerung kommen (auch telefonische) Anfragen, wohin man Geld überweisen kann. Ein Pfarrer stellt seine Kontonummer für Solidaritätsspenden zur Verfügung.

Im Nu verbreitet sich die Nachricht auf der Hütte: Das Profilwalzwerk wird unterstützt; ein Pfarrer hat ein Konto für uns eröffnet! Schon bald kursieren Zettel mit der Kontonummer in vielen Betrieben. Diese Unterstützung gibt den Kollegen großen Auftrieb und macht manche Zweifel am Erfolg zunichte. Die meisten Kollegen schätzen nun: »Die PWWler schaffen es.« Und die Streikenden können aufatmen. Jetzt wissen sie: »Wir stehen doch nicht allein, uns wird geholfen!«

Daß diese Spendenaktion in Gang kam, dafür haben Genossen der DKP gesorgt. Sie haben damit den Streikenden nicht nur materiell, sondern vor allem moralisch geholfen. Das war gut und wichtig. Ebenso anerkennenswert war der unermüdliche Einsatz der Frauen am Tor. Auch hier war es eine DKP-Frauengruppe, die die Initiative ergriff mit dem Erfolg, daß sich ihnen bald auch Frauen anderer Kollegen anschlossen. Die Frauen sorgten für heißen Kaffee, für warmes Essen und Zigaretten und versorgten die Kollegen auf dem Rollgang, wo es nachts bitterkalt war, mit heißem Tee und Rum. Tag für Tag waren diese Frauen am Tor, taten ihre Arbeit, redeten mit einzelnen Kollegen und machten ihnen Mut. Was vielen Kumpels besonders an den Frauen gefiel, war, daß sie sehr bescheiden auftraten. Sie machten keinen großen Wind um ihren Einsatz, sondern taten ihre Arbeit, als sei das ganz selbstverständlich. Die Kollegen vergaßen das nicht. So ist es nach dem Streik nicht selten vorgekommen, daß sie sich bei den Frauen für ihre Hilfe bedankten. Sogar ein Strauß Blumen fiel dabei ab.

Nicht schlechter als die Frauen am Tor verhielten sich die Betriebsräte der DKP. Wie alle anderen linken Betriebsräte waren diese Kollegen Tag und Nacht zu sprechen. Sie setzten alles daran, die Arbeiter in den anderen Betrieben der Hütte über unseren Kampf zu informieren, und sie gehörten zu denen, die wir manchmal heimschicken mußten, weil sie total übermüdet waren.

Die DKP-Vertrauensleute schließlich gehörten zu der Gruppe des Vertrauensleutekörpers, die versuchte, den Streik auf andere Betriebe auszuweiten und Anschlußstreiks zu organisieren. Und der Anschlag des Direktors Gundulach auf den Streik wäre möglicherweise gelungen, wenn nicht auch ein DKP-Genosse entschieden dagegen aufgetreten wäre, eine Delegation in die Direktionsetage zu schicken.
Die Kollegen des PWW honorierten diese Unterstützung ihres Kampfes durch Genossen aus der DKP ganz unabhängig von ihrer Parteizugehörigkeit. Es war ihnen egal, *wer* ihnen half. Wichtig war allein, daß überhaupt jemand da war. Für Versuche, den Einsatz der DKPler herunterzuspielen, hatten sie wenig Verständnis. So reagierten sie empört, als die KPD/ML nach dem Streik zusammenfaßte, die ganzen Suppen- und Spendenaktionen der DKP seien ja in Ordnung gewesen, nur dürften sie nicht darüber hinwegtäuschen, daß die DKP nichts dazu beigetragen habe, den Kampf voranzutreiben. Folglich hätten sie abgewiegelt. Im »Röhrenkieker«, der KPD/ML-Betriebszeitung, hieß es u. a. dazu: »Die D»K«P hat die PWW-Kollegen in ihrer Isolation gelassen, sie hat außerdem die Bedeutung dieses Streiks heruntergespielt...«
Als pauschale Abqualifizierung grundsätzlich jeder Politik, die von der DKP gemacht wird, ist diese Kritik unsinnig. Außerdem stand sie in der Zeitung einer »Partei«, die (wie ich noch zeigen werde) selber mehr falsch als richtig gemacht hat.
Aber trotzdem ist an dieser Kritik an der DKP und ihrem Verhalten im Streik ein Kern, der was für sich hat. Dieser Kern der Kritik richtet sich gegen die Widersprüchlichkeit der DKP-Politik. Und durch diese Widersprüchlichkeit war das Verhalten der DKP im Streik tatsächlich gekennzeichnet.
Die DKP-Kollegen an der Basis, die mit uns ständig in Berührung standen, waren okay. Aber wie verhielt sich die Partei offiziell? Wie interpretierte und unterstützte *sie* den Streik?
An der Rolle der DKP gegenüber der Gewerkschaft läßt sich das anschaulich beantworten. Dazu ist es aber notwendig, erst einiges zur Gewerkschaft selber zu sagen.

Die IG Metall will den Streik unterdrücken

Der IGM-Führung paßte der PWW-Streik nicht ins Konzept. Kurz vorher war es ihr gelungen, den Kampf der Hoesch-Kollegen in Dortmund unter ihre Kontrolle zu bringen. Dabei hatte sich der 2. Vorsitzende der IGM, Rudolf Judith, besonders hervorgetan und demagogisch abgewiegelt. Auch bei uns traten Judith und andere IGM-Spitzen mit der Absicht auf, den Streik möglichst schnell und ohne großes Aufsehen in ihre Hände zu kriegen. Dabei wirkten sie alle mit.

Zum Beispiel Bulitz, der 1. Bevollmächtigte der IGM in Duisburg. Er galt bei uns schon lange als ein gefährlicher »linker« Demagoge mit einer manchmal gut versteckten rechten Gesinnung. Bulitz ist einer der Initiatoren eines IGM-Beschlusses, der der Bundesregierung nahelegt, die maoistischen Gruppen zu verbieten. Er ist ferner die beste Stütze des (bereits bekannten) gewerkschaftlichen Sachbearbeiters bei Mannesmann, Bünk. Als der Gerichtsbeschluß mit dem Werksverbot für die 42 Kollegen herauskam, hängte sich Bulitz sofort an diesen Beschluß.

Zum Beispiel Eugen Loderer, der IGM-Vorsitzende. Auch er war gegen den Streik. Das wundert niemanden mehr, der weiß, wie sehr Loderer Mannesmann und Mannesmann Loderer am Herzen liegt. Loderer ist stellvertretender Aufsichtsratsvorsitzender der Mannesmann AG und hat in der Vergangenheit schon öfter in innerbetriebliche Angelegenheiten eingegriffen. So stand er bei einer Hetzkampagne von Bünk gegen den linken Betriebsratsvorsitzenden Herbert Knapp deutlich auf Bünks Seite und forderte Knapp auf, seine Funktionen niederzulegen.

Zum Beispiel Rudolf Judith. Er leistete sich das wohl ungeheuerlichste gewerkschaftliche Stück im Streik. Zu einem Zeitpunkt, als unser Sieg sich bereits abzeichnete, wurde auf der Hütte ein Brief mit Judiths Unterschrift verteilt, der uns zur »unverzüglichen« Wiederaufnahme der Arbeit aufforderte. Dieser Brief war von der Mannesmann-Druckerei (!) vervielfältigt worden und wurde von Angehörigen des Werkschutzes und Angestellten der Personalabteilung an uns ausgegeben; von den gleichen Leuten also, die auch die Blätter des Werksvorstandes, welche von Lügen nur so strotzten, verteilten.[18]

Dreierlei ist daran bemerkenswert. Erstens wurde der Brief zu einer Zeit verteilt, in der sich unser Sieg schon abzeichnete, d. h. zu einer Zeit, in der die Mannesmann-Röhrenwerke bereits ohne ausreichendes von uns sonst produziertes Vormaterial für die nahtlosen Röhren dastanden und in der der Konzernvorstand bereits gezwungen war, sich in die Verhandlungen einzuschalten, während die Hüttenbosse nur noch eine Statistenrolle spielten. Denn der Konzernvorstand erkannte klarer als die Duisburger Geschäftsleitung, daß durch den

18 Am Abend, bevor der Judith-Brief ausgegeben wurde, zeigte das Fernsehen einen ähnlich lautenden Brief, der neben Judith auch noch die Unterschrift des Arbeitsdirektors Henne trug. Dieser von Judith und Henne unterzeichnete Brief muß wohl die Urfassung des Zettels gewesen sein, der am nächsten Tag nur noch von Judith alleine abgezeichnet war. Man hatte wohl zu Recht befürchtet, daß ein von »unserem« Arbeitsdirektor mitunterschriebener Brief als Provokation aufgefaßt worden wäre und einen Sturm des Protestes ausgelöst hätte. Darum verzichtete man wohl darauf.

Streik im Profilwalzwerk auch die Produktion der nachgeschalteten Betriebe zusammenzubrechen drohte. Sollte die IGM-Führung das alles nicht gewußt haben, wo doch selbst wir Arbeiter genau darüber Bescheid wußten?!
Zweitens kritisierte die Ortsverwaltung der IGM später lediglich die Form, in der der Judith-Brief verteilt wurde. Die Ortsverwaltung hätte lieber gesehen, wenn der Brief nicht von den PAL- und Werkschutz-Leuten, sondern von den Vertrauensleuten und Betriebsräten ausgegeben worden wäre. Zum Inhalt dagegen kein Wort der Kritik.
Und drittens möchte ich noch auf eine sonderbare Logik hinweisen: Die Gewerkschaftsführung ging davon aus, daß jede Kritik an diesem Brief der Gewerkschaft schaden würde. Nicht, daß Judith diesen offen abwieglerischen Brief schrieb, gilt demnach als gewerkschaftsschädigend, sondern umgekehrt: Als gewerkschaftsfeindlich werden die Kollegen bezeichnet, die darauf hinweisen, wie die Organisation ihnen mit diesem Brief zu einem Zeitpunkt in den Rücken fiel, als sie die gewerkschaftliche Unterstützung dringend benötigt hätten.
Judith hatte bei den Kollegen anschließend ausgespielt. Als er nach einem Gespräch mit dem Betriebsrat das Werk verließ, wurde er ausgepfiffen. Und als einige Kollegen sich seinem Wagen in den Weg stellten, um ihn zum Halten zu zwingen und zu einer Stellungnahme zu bewegen, fuhr er mit seinem Mercedes einfach in die Gruppe der Arbeiter hinein. Das war wohl sein schlechtes Gewissen.
Bis heute hat Judith es noch nicht für nötig gefunden, sich zu seinem Brief zu äußern. Er hat es aber auch nicht gewagt, am 1. Mai auf einer Kundgebung zu sprechen, zu der die Betriebe des Duisburger Südens, zu denen auch Mannesmann gehört, zusammengekommen waren. Er mußte befürchten, dort ausgebuht zu werden.
Eins ist uns jedenfalls klar: Wenn wir Judiths Aufforderung, wieder an die Arbeit zu gehen, gefolgt wären, dann hätten wir später keinen Pfennig mehr Lohn mit nach Hause gebracht.
Die Haltung der IGM-Führung läßt nur den Schluß zu, daß sie diesen Streik nicht wollte. Als die Führung erkannte, daß sie durch ihren Vertreter auf der Hütte, den Gewerkschaftssachbearbeiter Bünk, den Streik nicht zersetzen konnte, schaltete sie sich selber ein. Die IGM-Bosse versuchten, uns zu demoralisieren und dadurch zur Räson zu bringen. Sie wollten uns eintrichtern, daß spontane, von den Arbeitern selber organisierte Streiks was Falsches sind, und sie wollten uns dahin bringen, nur noch auf die Befehle der Führer zu hören. Das gelang ihnen aber weder durch die von Bünk mitverbreiteten Unwahrheiten wie z. B. ›Thyssen würde walzen‹ noch durch den Brief ihres 2. Vorsitzenden Judith. Denn die klassenversöhnlerische Haltung

der IGM-Führung stieß auf erbitterten Widerstand der Kollegen.

b) Vorsicht und Opportunismus der Partei

Wie hat sich aber die DKP, deren Mitglieder an der Basis die Streikenden unermüdlich unterstützten, gegenüber der abwieglerischen Taktik der IGM-Führung verhalten?

Die DKP-Kollegen auf der Hütte haben teilweise mitgeholfen, den anderen Kumpels die Rolle der IGM-Spitze ehrlich aufzuzeigen und hart zu kritisieren. Aber das geschah nur in internen und kleinen Diskussionen.

Die DKP als Partei hat dagegen nichts unternommen, den Widerspruch zwischen den Interessen der Arbeiter und dem Gewerkschaftsapparat klar zu legen. Im Gegenteil: Die DKP hat diesen Widerspruch zugunsten der IGM-Führung verschleiert. Als Judiths Brief verteilt worden war, schrieb der »Rote Punkt« dazu lediglich: »Das heute verbreitete Flugblatt des Vertreters der IG Metall, Judith, steht im Widerspruch zum Inhalt und Wortlaut der Erklärung des IGM-Vorstandes.«

Wirklich? Stand Judiths Brief nicht in erster Linie im Widerspruch zu den Interessen der streikenden Kollegen?! Mit diesem Kommentar, der typisch war für DKP-Äußerungen, wurden die wirklichen Interessengegensätze verschleiert, wurde eine günstige Gelegenheit verpaßt, das Verhalten des IGM-Vorstandes kompromißlos zurückzuweisen. Es ist also nicht das Verdienst der DKP, daß es der IGM-Führung nicht gelang, den Streik abzuwürgen. Eine Neuauflage der Hoesch-Niederlage gab es bei Mannesmann nur deshalb nicht, weil unter den Streikenden genügend Kollegen waren, die den entsprechenden politischen Durchblick hatten, weil wir einen linken BR hatten, der im Rahmen seiner Möglichkeiten für die Streikenden eintrat, und weil wir unseren Kampf durch Flugblätter und Diskussionen so erklärten, daß eine stabile Solidarität entstand.

Die tatsächliche Rolle der IGM wurde von der DKP totgeschwiegen. Sie argumentierte dabei folgendermaßen: ›Daß Judith und Bulitz den Streik unter ihre Kontrolle bringen, darf nicht passieren. Wenn sie es versuchen, müssen wir dagegen angehen. Aber sie haben es ja nicht versucht (!). Da sie es aber gar nicht erst versucht haben, war es auch nicht nötig, ja wäre es sogar völlig falsch, *jetzt* gegen die IGM-Führung aufzutreten. Diese Auseinandersetzung muß vielmehr *innerhalb* der Gewerkschaft geführt werden und keineswegs öffentlich. Ein öffentliches Auftreten gegen die IGM-Spitze hätte nur eine 2. Front (neben der Front des Kapitals) gegen die Gewerkschaft aufgebaut und den Streik geschwächt.‹

Mit dieser Ansicht hat die DKP nicht nur die Politik der IGM-Vertreter im Streik verdunkelt und ist ihnen in den Hintern gekrochen anstatt die Wut der Kollegen gegen ihre Gewerkschaftsführung aufzugreifen, sondern mit dieser Ansicht wird auch etwas Grundsätzliches über das Verhältnis zwischen den Arbeitern und der Gewerkschaft formuliert, was ich und viele andere Kollegen immer weniger unterstützen können. Dieser Grundsatz geht davon aus, daß innergewerkschaftliche Auseinandersetzung immer nur eine Auseinandersetzung innerhalb des Apparats sein soll.

Es ist völlig klar, daß wir unseren Kampf innerhalb der IGM führen müssen. Jeder, der das anzweifelt, hat keine Ahnung von den wirklichen Kräfteverhältnissen und der großen Bedeutung der Gewerkschaften. Zu diesem Kampf gehört auch die Auseinandersetzung innerhalb des Apparats. Daran gibt es ebenfalls keinen Zweifel. Aber wer, wie die DKP das tut, den innergewerkschaftlichen Kampf ausschließlich als Kampf innerhalb des Apparats versteht, würdigt die Rolle der Arbeiter und der einfachen Gewerkschaftsmitglieder herab. Sind es denn nicht wir Arbeiter, die die Gewerkschaft verkörpern?

Allen Versuchen reformistischer Gewerkschaftsführer, die Rechte der Mitglieder zu schmälern und sie zu entmündigen, muß entschiedener Widerstand entgegengesetzt werden. Die Unternehmer entmündigen uns schon genug. Jeder Gewerkschaftler, egal wie er politisch denkt, muß seine Interessen anmelden können. Das heißt aber, daß wir den Gewerkschaftsführern sagen können, was wir über sie denken. Und wenn die Führer mit den Kapitalisten gemeinsame Sache machen, dann müssen wir das auch laut so nennen können. Und zwar nicht nur innerhalb des Apparats, ohne Beteiligung der Basis, hinter verschlossenen Türen.

Wer aber jede Kritik an den Gewerkschaften in den Apparat verlegt, unter Ausschluß der Mitglieder, der leistet der Strategie rechter Gewerkschaftsführer Vorschub, jede massenhafte Kritik der Basis abzuwürgen und die Gewerkschaft zu einem Amt für Lohnfragen zu machen.

Genau das muß verhindert werden und das kann nur verhindert werden, wenn die Mitglieder, also vor allem die Arbeiter mobilisiert werden. Die Angst, als kritischer Arbeiter aus der Organisation ausgeschlossen zu werden, ist berechtigt. Aber sie ist kein politisches Argument gegen Gewerkschaftskritik. Zu Ausschlüssen werden sie sowieso immer dann greifen, wenn ihnen die Felle wegzuschwimmen drohen und solange wir Arbeiter schwach sind. Aber wer ist schon Loderer? Ein Loderer ist ein Nichts ohne die Arbeiter der Eisen-, Stahl- und Metallindustrie.

Die DKP sagt: »Wir brauchen starke Gewerkschaften!« Das ist richtig. Aber starke Gewerkschaften sind kämpferische Gewerkschaften und nicht solche, deren Führern der Posten im

Aufsichtsrat wichtiger ist als die Arbeiterinteressen, und die gemeinsam mit den Monopolherren gegen linke Betriebsräte vorgehen, wie es bei uns passierte, als Loderer gegen Herbert Knapp auftrat. Gewerkschaften sind so stark wie ihre Mitglieder stark sind. Eine kämpferische Gewerkschaft ist eine starke Waffe. Diese Waffe muß aber in den Händen der Arbeiter sein.
Die Vorsicht der DKP gegenüber der Gewerkschaftsführung in unserem Streik – war sie Zufall oder *die* offizielle Politik der Partei? Ich meine nicht, daß diese Vorsicht Zufall war. Denn man konnte sie auch in anderen Streiks erleben. Sie drückt die Versuche der DKP aus, ihre Genossen in den Apparat der Gewerkschaft rein zu kriegen. Das aber, so meint die Partei, gelingt ihr nur, wenn sie der Gewerkschaftsführung ständig Zugeständnisse macht und ihr mit Kritik nicht zu nahe kommt. Darum ist diese Vorsicht der Anfang vom Ende einer Partei, deren politischer Opportunismus sie in Zukunft lähmen wird, die Interessen der Arbeiter auch gegen ihre reformistischen und sozialdemokratischen Führer zu vertreten. Die Anbiederung der DKP an die IGM-Führung im Streik bei uns ist besonders zu kritisieren, denn unser Streik war der Auftakt zu einer größeren Streikwelle in der Bundesrepublik. Wäre die Rolle von Judith, Bünk, Bulitz und den anderen rücksichtsloser angeprangert worden, dann hätten die Kollegen in den anderen Betrieben daraus lernen und sich auf die Auseinandersetzung mit ihren Gewerkschaftsvertretern ganz anders vorbereiten können.
Insgesamt hat das Verhalten der DKP beim Mannesmann-Streik den großen Gegensatz verdeutlicht, der in der DKP zwischen den ehrlich kämpfenden Parteigenossen an der Basis und der politischen Linie der Partei selber schon jetzt besteht.

2. Die KPD/ML oder Was hat die »einzige Führerin und Partei der Arbeiterklasse« den Arbeitern im Streik zu sagen?

Die KPD/ML (Gruppe: Roter Morgen) rühmt sich, den Streik der Profilwalzwerker richtig unterstützt und als einzige Organisation dazu aufgefordert zu haben, die Kämpfe auszudehnen. Kurzum: Wesentliche Fehler hat sie nicht gemacht – so spricht die »Partei«. Wie sollte sie auch, wo sie sich doch für den »Neubeginn des Sozialismus in ganz Deutschland« und ähnliches mehr hält und sich brüstet: »Die KPD/ML ist die einzige revolutionäre Partei der Arbeiterklasse.«

a) Vor dem Streik Parolen: »Kollegen, Opfer bringen!«

Aber reden, schreiben und ständig wiederholen, daß man nicht nur auf der Seite der Arbeiter steht, sondern dazu noch ihre Führerin ist, ist kinderleicht. Nur wenn es ans Handeln geht, sieht das mit der Führung schon ganz anders aus. Die KPD/ML ist jedenfalls ein Beweis dafür.

Ich erinnere mich an die Zeit kurz vor unserem Streik. Es geht um die Metalltarifrunde. Die KPD/ML verteilt ihre Betriebszeitung. Ihre Parolen: »1,50 DM = 20% mehr Lohn« oder »Jetzt Streik« malen die KPD/MLer an die Mauerwände rund ums Werk. Und in ihrer Betriebszeitung lesen wir, daß wir »Versammlungen abhalten müssen« und: »Wir müssen Opfer bringen!«

Die Kollegen diskutieren diese Aufforderung zum Teil entrüstet: »Die haben leicht reden. Opfer bringen. Wer bringt denn die Opfer, die oder wir?! Sie stehen am Tor und haben nichts weiter zu bieten als Einschätzungen und kluge Ratschläge. Wir wissen doch selbst, was und wie wir was tun.« Ein zweiter Kumpel unterbricht den Kollegen: »Außerdem, was heißt überhaupt ›Wir‹? Die sind nicht wir, die hängen an der Universität, und wenn sie fertig sind, vergessen die meisten, daß sie solche Sprüche geklopft und solche Flugblätter verteilt haben. Dann treten sie uns, dann sind vielleicht *sie* unsere Bosse.« – »So kannst du es aber auch nicht sehen«, beschwichtigt ihn ein anderer, »du darfst sie nicht einfach alle über einen Kamm scheren. Es gibt Aufschneider und andere, die ganz in Ordnung sind.« – »Gut«, geht es hitzig weiter, »aber mich ärgert einfach, wenn einige von ihnen klugscheißerisch so tun, als ob wir Arbeiter blöde sind und nur darauf warten, daß sie uns das Heil bringen. Wir werden schon wissen, was richtig ist, wenn's bei Mannesmann los gehn sollte.« – »Streik, ja!«, fährt jemand fort, »aber wir lassen uns doch nicht von Leuten in Abenteuer hetzen, die gar nicht wissen, was im Betrieb wirklich los ist. Wir werden streiken, wenn wir meinen, daß es an der Zeit ist.« Ein Kumpel ist nachsichtig: »Laßt sie doch schreiben, was sie für gut halten, wir werden ja sehen, wie sie sich im Kampf verhalten. Die Handlungen entscheiden! Auch über diese Gruppen.«

b) Während des Streiks Rezepte: »Die (Revolutionäre) Gewerkschaftsopposition hat beschlossen ...«

Schon bald nach diesem Gespräch einiger Kollegen sollte die KPD/ML Gelegenheit bekommen, sich zu bewähren. Im Streik konnte die »Partei« zeigen, wie sie handelt, wenn die Arbeiter kämpfen, und wie sie »führt«.

Es wäre unfair, wenn ich jetzt das teilweise unbeholfene und unsichere Auftreten dieser »Arbeiterführer« verspotten würde. Das muß ihnen auch von den Kollegen nachgesehen werden, die allen Grund hatten, über die KPD/ML wütend zu sein.

Denn die Vertreter dieser »Arbeiterpartei« am Tor waren fast alle junge Studenten, die weder den Ort kannten noch von der Hütte die geringste Ahnung hatten und denen der Umgang mit Arbeitern überhaupt, mit streikenden Arbeitern schon gar nicht geläufig war.

Daraus kann ihnen niemand einen Vorwurf machen. Es geht auch nicht darum, daß diese MLer andere Meinungen als die meisten Kollegen vertraten. Aber daß sie nicht bereit waren, ihre Ansichten von den Arbeitern korrigieren zu lassen, hat viele Kollegen abgestoßen. Diese Leute spielten sich gegenüber den Kollegen ziemlich arrogant auf. Sie hielten sich für die einzigen, die alles richtig machen. Und sie scheuten sich sogar nicht, uns beibringen zu wollen, wie »man« anständig streikt.

Dabei hatten sie zwei Rezepte. Das eine Rezept war ihre Forderung nach einer sogenannten RGO[19], der »Revolutionären Gewerkschaftsopposition«. In dieser RGO sollten sich die Kollegen zusammentun, um von dieser Insel einer eigenständigen Arbeiterorganisation aus gegen die IGM-Führung zu kämpfen.

Wie kam es zu diesem Rezept einer RGO? Ziemlich schnell und einfach. Die KPD/ML ist eine fast reine (von Arbeitern reine) Studenten- und Intellektuellen-»Partei«. Einige wenige haben ihr Studium unterbrochen oder beendet und sind in die Betriebe gegangen. Auch dieser Entschluß ist nichts Verwerfliches. Im Gegenteil: Dieser Entschluß kann den zumindest zeitweiligen

19 Die Auffassung der KPD/ML von der Rolle der Gewerkschaft und dem Verhalten fortschrittlicher Kollegen gegenüber der Gewerkschaft hat sich mehrfach geändert. Das zeigt, wie unverbindlich diese »Partei« so wichtige Probleme wie die Gewerkschaftsfrage behandelt. Dabei schwankte die KPD/ML ständig zwischen zwei Vorstellungen: die eine verteidigt das RGO- Konzept, d. h. den Aufbau neuer, eigenständiger Gewerkschaften, wie sie auch von der KPD der zwanziger Jahre mal angestrebt, mal wieder verworfen wurden; die andere Vorstellung dagegen geht von der Notwendigkeit einer sogenannten GO aus, d. h. keine neue Gewerkschaftsorganisation errichten, sondern in der bestehenden klassenbewußte Oppositionsgruppen bilden, die bewußt als Fraktionen auftreten. Real besteht zwischen diesen beiden Vorstellungen ein großer Unterschied. So gibt es heute in der Bundesrepublik bestimmt keine langfristig aussichtsreiche RGO, wohl aber einige linke Arbeitergruppen, die sich zu GO's zusammengeschlossen haben und gute Arbeit leisten, z. B. die »Gruppe Oppositioneller Gewerkschafter« (GOG) bei Opel in Bochum. Die Arbeiter in diesen GO's hält aber in erster Linie eine gemeinsame Erfahrung zusammen und ihre Ziele gewinnen sie aus ihrer Praxis in den Fabriken. Anders bei der KPD/ML: ihre GO ist Ausdruck einer bestimmten Ideologie, nämlich der von der KPD/ML vorgeschriebenen. Insofern ist die GO der KPD/ML nur ein anderer Name für die RGO und insofern ist es auch nicht falsch zu sagen, die KPD/ML hätte im Mannesmann-Streik die RGO proklamiert. In Worten hat sie tatsächlich nicht die RGO, sondern die GO gefordert, hinter der sich aber keine andere Strategie, sondern genau die Politik versteckt, die eine RGO ausmacht. Den Beweis für die Richtigkeit dieser Behauptung hat die KPD/ML auch selber angetreten: Heute, Monate nach dem Streik, hält sie wieder ausdrücklich die RGO für richtig! (Anm. des Verlags)

Verzicht auf Privilegien bedeuten, und manche lernen dadurch die Gedanken und Wünsche der Arbeiter besser kennen. Deshalb Hut ab vor den Motiven, die beim einen oder anderen Intellektuellen eine Rolle spielen, wenn er die Universität mit der Fabrik vertauscht. Was dann aber manche dieser linken Akademiker mit ihrem Entschluß in der Fabrik und unter den Arbeitern anrichten, hat mit »revolutionärer Praxis« meistens nichts mehr zu tun. Revolutionäre Praxis heißt nämlich auch, sich mit den Arbeitern zu verbinden und sie – egal wie sie denken – erst einmal ernst zu nehmen. Einige dieser Intellektuellen laufen aber mit einer revolutionären Schablone im Kopf in der Fabrik herum und bilden sich ein, immer nur die »Wahrheit« und die »richtige Linie« auszuspucken. Diese Leute protzen also mit ihrer richtigen Linie. Nur: Arbeiter, die diese richtige proletarische Linie unterstützen, Arbeiter haben sie kaum. Offenbar sind wir Arbeiter noch zu dumm für die richtige Linie?!
Der Großteil der KPD/ML-Mitglieder aber war nie im Betrieb und »weiß« nur aus der Zeitung und Gesprächen, was in der Fabrik wirklich gespielt wird.
Nun braucht diese »einzige Arbeiterpartei« aber Arbeiter, um sich nicht völlig lächerlich zu machen. Nur: Wie kriegt man die Arbeiter? Man gründet eine RGO. Man nutzt dabei das sehr verbreitete Unbehagen vieler Arbeiter über die Politik der rechten Sozialdemokraten im DGB aus und behauptet, nur die RGO könne da Abhilfe schaffen. Aber das ist falsch. Sicher gibt es innerhalb der Gewerkschaften eine inzwischen breite oppositionelle Strömung. Daran ist nicht mehr zu zweifeln. Aber diese Opposition hat vor allem resignativen Charakter und äußert sich in Ansichten wie: »Die Gewerkschaftsführer machen ja doch, was sie wollen«, oder »wir werden ja nicht gefragt«, oder »da können wir nichts ändern«.
Diese Resignation vieler Kollegen als unpolitisches Verhalten abzutun, wäre sehr gefährlich. Sie ist vielmehr eine verständliche Reaktion auf die tatsächliche autoritäre Organisationsstruktur der Gewerkschaften und beweist, daß viele Kollegen nur in der Gewerkschaft sind, weil die anderen auch drin sind, ohne sich zu engagieren. Also ist diese Resignation ein Keim für Bewußtsein und nichts Unpolitisches, auf das man für den Klassenkampf aufbauen kann, wenn man darüber diskutiert, wo die Resignation herkommt usw.
Wenn dann aber jemand daherkommt und den Arbeitern einredet, sie sollten sich eigene blitzsaubere Gewerkschaften schaffen, und die Arbeiter merken, daß ihnen das oft völlig weltfremde Studiker sagen, dann wird die resignative Haltung nicht aufgebrochen und in politisches Bewußtsein umgewandelt, sondern nur noch verstärkt.

Zwischen der Kritik an den bestehenden Gewerkschaften und dem Rezept, neue Gewerkschaften aufzubauen, fehlen einfach ein paar Schritte. Und darum können die Kollegen mit diesem Rezept nichts anfangen. Dazu kommt noch, daß diese »Parteiintellektuellen«, von denen kaum jemand selber mal in der Gewerkschaft war, den Apparat mit dümmstem Schematismus bekämpfen. Alles, was mit der Gewerkschaft zu tun hat, ist für diese völlig unerfahrenen Prinzipienreiter sofort erledigt. Sie fragen nicht mehr danach, welche Kleinarbeit der einzelne betriebliche Gewerkschaftsfunktionär oder Betriebsrat macht und mit welcher Absicht er in der Gewerkschaft arbeitet, sondern haben ein paar Prinzipien im Kopf, die ihnen sagen: Funktionär = Bonze; Bonze = Verräter; Verräter = Kapitalist. So einfach soll das also sein! Daß das für die Kollegen so einfach gar nicht ist, zeigt nicht ihren mangelnden Durchblick und die Klugheit der »Partei«, sondern eher umgekehrt: Es zeigt die Klugheit der Kollegen und die Dummheit dieser »Partei«.

Auch bei Mannesmann kam uns die KPD/ML mit ihren Prinzipien. Im »Röhrenkieker«, ihrer Betriebszeitung, wurden auch die linken Betriebsräte kurzerhand als »Arbeiterverräter« und »Kapitalistenknechte« diffamiert. Eben weil sie Betriebsräte sind. Merkt die KPD/ML eigentlich nicht, daß dadurch nicht nur den Betriebsräten Unrecht getan wird, sondern, und das ist noch entscheidender, auch das Vertrauen der Kollegen in die Betriebsräte, die sie ja gewählt haben, mit Füßen getreten wird?!

Es passierte am 6. Streiktag: Die Kollegen stehen in kleinen Gruppen am Tor herum, rauchen, diskutieren oder warten einfach. Die KPD/ML ist da. Einer von ihnen hat ein Megafon in der Hand: »Kollegen, wir haben eine Solidaritätsadresse zu verlesen«, kündigt er an. Sofort sammeln sich die Streikenden um den Sprecher. Auch dieser Gruppe gegenüber haben die Kollegen keinerlei Vorurteile, wenn es um die Unterstützung ihres Kampfes geht. Wir waren für jede Solidaritätsadresse dankbar, und alle waren bislang mit großem Beifall aufgenommen worden, ganz gleich, ob sie von der SDAJ, den Jusos, von Studentengruppen oder sonst woher kamen. Doch als der Sprecher beginnt: »Kollegen, die Bundeskonferenz der Revolutionären Gewerkschaftsopposition...«, fallen ihm die Kumpels ins Wort und verlangen, daß er aufhört damit. »Haut ab, mit euch haben wir nichts am Hals«, so verjagen die Arbeiter ihre »einzig revolutionäre Führerin«. Daß der Mann dann doch noch eine Solidaritätsspende über 500 DM von der RGO bekanntgibt, nehmen die meisten entweder gar nicht oder nur noch gelangweilt zur Kenntnis. Eine klare und die »Partei« entlarvende Antwort der Streikenden.

Und was lernte die KPD/ML daraus? Gar nichts! Sie fühlte sich weiter im Recht, konnte eben nur die »richtige Linie« nicht durchsetzen. Das Organ der KPD/ML erklärte sich diesen »Widerspruch« zwischen der »Linie« und den Arbeitern später damit, »gewisse Leute« hätten uns eingeredet, wir brauchten keine RGO.
Was aber war wirklich der Fall? Als die KPD/ML uns die RGO anpries, hatten die Kollegen inzwischen den 6. harten Streiktag (!) hinter sich. Sie haben Drohbriefe über sich ergehen lassen müssen und haben den Einschüchterungsfeldzügen der Unternehmer und den Abwiegelungsversuchen der IGM-Führung widerstanden. Diese Kollegen hatten in den wenigen Tagen eine Universität des Klassenkampfes mit Bravour bestanden und sie erkannten klar, daß sie ihren eigenen Weg weitergehen mußten und das Rezept der RGO mit ihren Erfahrungen nichts, aber auch gar nichts zu tun hatte. In dieser Situation einer eigenständigen Gewerkschaftsopposition zu folgen, hätte sie lediglich gespalten.
Als ein Kumpel, der selber einmal Mitglied der KPD/ML war, diesen Mißerfolg der »Partei« mit den Worten kommentierte: »Seht ihr nun, ich habe euch gewarnt. Die RGO ist eine falsche Taktik. Jetzt habt ihr die Quittung«, redeten sich die MLer auf das Übliche heraus und schoben alles auf die DKP: »Daran haben doch nur die Revisionisten gedreht.«
Was sollen wir Arbeiter von einer »Partei« lernen, die so wenig bereit ist, von uns Arbeitern zu lernen?!
Die Lehren, die der »Rote Morgen« aus der Abfuhr der Partei zog, waren von Selbstkritik völlig frei. Im Gegenteil: Die Lehren, die man dort zog, waren nur eine weitere Bestätigung der »eigenen richtigen Linie«: Hätte es nur überall auf der Hütte RGOs gegeben, ja dann, dann hätte die ganze Hütte gestreikt. Aber ohne diese Zellen waren es doch nur die Profilwalzwerker ...

c) Spontaneität oder Streikführung.
Ein falscher Gegensatz.

Das andere Rezept der KPD/ML für den Streik war ihre Forderung nach einer gewählten Streikleitung. Warum sollten wir eine Streikleitung wählen? Antwort der »Partei«: »Ihr müßt eine Streikleitung aufstellen, denn ohne Streikleitung kann »man« keinen Streik gewinnen!« Auch ich und andere Kollegen sind und waren der Ansicht, daß in jedem Kampf, in jedem Streik eine Führung notwendig ist. Sonst geht der Kampf in die Hosen.
Die Frage ist nur: Wird sie gewählt, ist die Führung von vornherein da oder wie kommt sie sonst zustande? Eine Streikleitung muß also immer da sein. Sie zu fordern ist also auch immer

richtig. Man sagt eigentlich nie was Falsches, wenn man sie verlangt. Aber wie immer und überall ist jede Wahrheit konkret und nicht abstrakt.
Die KPD/ML ging im »Roten Morgen« davon aus, daß der Betriebsrat unsere Streikleitung sei. Und das paßte ihr nicht, denn Betriebsrat = Funktionär = Reaktionär usw. Wie sollte eine solche Führung uns in den Sieg führen? Also sollten wir eine eigene fortschrittliche Streikführung bestimmen.
Aber schon dieser Ausgangspunkt der KPD/ML stimmte nicht. Der BR war keineswegs unsere Streikleitung, d. h. es gab bei uns keine Streikleitung, die wie der BR von vornherein, also schon vor dem Streik bestand. Der BR war nur der Verhandlungspartner der Bosse und er hat unsere Interessen in den Verhandlungen gut vertreten. Der BR wußte genau, daß wir die Arbeit nur dann wieder aufnehmen würden, wenn er unsere Forderungen am Verhandlungstisch durchsetzte. Die Forderungen lagen ja auf dem Tisch, und der BR konnte sie hinter den verschlossenen Türen nicht einfach umdrehen und uns dann als den besten Kompromiß servieren. Wäre der BR gleichzeitig unsere Streikleitung gewesen, dann hätte diese Möglichkeit aber bestanden. So bestand sie nicht. Denn nicht die Kollegen vom Betriebsrat, sondern die Streikenden bestimmten die Linie; der BR stellte uns nur seine Kenntnisse und Informationen zur Verfügung. Zwar hatte der BR – oder richtiger – ein Teil der BR-Mitglieder einen sehr großen Vertrauenskredit bei uns, aber dieser große Vertrauenskredit war noch lange kein bedingungsloses Vertrauen, kein Freibrief. Konnte und durfte es nicht sein. Hätte der BR uns in die Pfanne gehauen, dann wäre der Kredit schnell verspielt gewesen.
Beides, das große Vertrauen der Streikenden in den BR, das aber ein kritisches Vertrauen war, und die Selbständigkeit der Streikenden gegenüber der Politik der Gewerkschaft, dürfte im übrigen wohl zu den positiven Seltenheiten aller Streiks in den letzten Jahren gehören.
Der Vertrauensleutekörper aber konnte ebenso nicht unsere Streikleitung sein. Denn den Vertrauensleuten mußten die Kollegen zur Zeit des Streiks noch sehr mißtrauen (das änderte sich später, wie ich noch zeigen werde), weil Bünk noch ihr Vorsitzender war. Er hätte mit Sicherheit erfolgreicher versucht, den Streik über die gewerkschaftlichen V-Leute in der Streikleitung unter seine Kontrolle zu bringen. Und da Bünk unter dem abwieglerischen Einfluß der IGM stand, hätte uns diese Streikleitung wahrscheinlich eine Niederlage gebracht.
Die dritte Möglichkeit wäre eine vom BR und den V-Leuten völlig unabhängige Streikleitung gewesen. Sie wurde von der KPD/ML propagiert. Sie hätte aber ein neues Problem aufgeworfen: Sie hätte unter Umständen zu einer Trennung der

Kollegen vom Betriebsrat geführt. Eine solche unabhängige Leitung wäre nur dann richtig gewesen, wenn der BR in den Verhandlungen versagt hätte. Aber das war ja nicht der Fall. Besser als der BR die Verhandlungen führte, hätte es eine eigenständige Streikleitung sicher nicht gemacht, allein schon wegen der fehlenden Kenntnisse nicht. Rausgekommen wäre dabei nur, daß der Betriebsrat und die Streikleitung Kontrahenten geworden wären und gegeneinander gearbeitet hätten.

Eine gewählte Streikleitung hätte eine politische Organisation mit entsprechendem Kadergerüst im Betrieb zur Voraussetzung haben müssen. Die Kader dieser Organisation hätten auf das Vertrauen ihrer Kollegen bauen können müssen. Wäre das der Fall gewesen, dann hätte eine gewählte Streikleitung den Betriebsrat beraten und gleichzeitig kontrollieren können. Sie hätte ihm unsere Aufträge übermitteln, den Streik politisch führen und ansonsten genau die Aufgaben übernehmen können, die der BR nicht wahrnehmen darf, weil er der Friedenspflicht unterworfen ist. Aber es gab und gibt diese Organisation oder Partei nicht. Die KPD/ML ist schon gar nicht in der Lage, eine solche Organisation zu ersetzen. Ihren einzigen späteren Sympathisanten unter den Arbeitern hat sie erst während des Streiks an Land gezogen. Dieser junge Kollege hatte weder vom Betrieb noch vom Streik irgendeine Ahnung. Er arbeitete zur Zeit des Streiks noch keinen ganzen Monat im PWW. Abgesehen davon, daß er von seinen Fähigkeiten her die Kollegen kaum hätte führen können. Er war ein Kollege unter vielen und noch nicht einmal einer der politisch besten. Also wen hätten wir wählen sollen? Doch auf die durch Bünk gefährdeten Vertrauensleute zurückgreifen?

Also wählten wir keine Streikleitung. Es gab keinen »ordentlichen« Wahlgang. Und trotzdem gab es eine Streikleitung. Sie trat nicht offiziell und in Worten so auf, aber sie war es in Taten. Sie bildete sich spontan!

Es waren nicht unbedingt die gewerkschaftlichen V-Leute, die diese Streikleitung bildeten, sondern es waren überwiegend Kollegen, die im Betrieb sonst keine Funktion hatten. Diese Kollegen wurden von den anderen besonders geschätzt und als Autoritäten anerkannt. Sie »führten« den Streik. So, mit dieser Führung, war den Kumpels im Kampf am besten gedient. Sie konnten solche Führer, die sich bewährt hatten, weiter unterstützen und konnten solche Führer wieder entmachten, die nicht mehr taten, was die Kollegen wollten. Diese Kumpels mußten eben immer die besten sein und konnten sich nicht auf ein gewähltes Mandat berufen, wenn sie versagt hatten. Damit war gewährleistet, daß der Streik im Griff der wirklich aktivsten Leute war, die sich Tag für Tag erneut qualifizieren

mußten und an deren Stelle andere traten, sobald sie an Einfluß verloren hatten.
Obwohl wir mit dieser spontanen Streikführung gut hinkamen und den Kampf durchstanden, hielt die KPD/ML an ihrem Prinzip »Führung wählen« fest. Unsere guten Erfahrungen hatten auf die Dogmen der KPD/ML keinen Einfluß. Sie werfen wohl ewig damit um sich, egal, was passiert.
Der »Rote Morgen« schrieb in seiner Streikauswertung, »man« habe »den Kollegen eingeredet, daß sie auch ohne Streikleitung stark genug seien.« Wer »man« ist, erfahren wir wieder mal nicht. Und außerdem: Sprechen so nicht auch die Kapitalisten über die Arbeiter, so, als könne »man« uns einfach alles einreden? Daß wir selber nachdenken und anfangen, selber zu handeln, paßt dieser »Partei« wohl nicht in den Kram.
Hätten wir uns aber dem Aufruf dieser »heroischen Partei der Arbeiterklasse« angeschlossen und eine vom Betriebsrat unabhängige und gegen ihn arbeitende Streikleitung gewählt, dann hätte nicht nur die IGM-Spitze leichteres Spiel mit dem Streik gehabt, sondern dann wäre das auch haargenau den Tricks der Hüttenbosse entgegengekommen. Der Versuch des Direktors Gundulach, eine Delegation nach oben zu bekommen, um sie da fertigzumachen, war etwas ähnliches wie die ML-Forderung nach einer »formellen« Streikleitung. Die »Partei« hat ja auch sogar gefordert, die von uns bestimmte Streikleitung solle anstelle des Betriebsrates mit den Unternehmern verhandeln. Gundulachs Delegation war die Streikleitung — nur unter einem anderen Namen. Dazu kommt noch, daß die Kollegen aus Sicherheitsgründen bestimmt nicht die Kumpels gewählt hätten, die später tatsächlich an der Spitze des Streiks standen, also nicht die härtesten und kampfentschlossensten Arbeiter, sondern eher Vertrauensleute, die ja sowieso schon eine Funktion hatten.
Mit unserer spontanen Streikleitung aber, in der die Kollegen sich abwechselten, waren wir für unsere Gegner nur als Kollektiv greifbar. Sie konnten uns nicht packen und einzeln herausgreifen, denn sie durchschauten ja gar nicht, wer den Streik »führte«.
Die KPD/ML hatte für die Kumpels im Streik nicht viel mehr als Parolen, Rezepte und große Worte parat und war keinen Augenblick lang bereit, von den Arbeitern was anzunehmen.
Diese Überheblichkeit gipfelte darin, dem BR Verrat vorzuwerfen, weil er »nicht in der ganzen Hütte zum Streik aufgerufen hat«, und die Kumpels zu belehren, sie würden die »Spontaneität« anbeten, weil sie keine Streikführung wählen wollten. Ich finde, das kann man nur »linke« Borniertheit nennen, hinter der ein riesengroßes Unverständnis für die wirklichen Probleme der Arbeiterklasse steht. Und diese Organisa-

tion maßt sich an, *die* Partei der Arbeiterklasse zu sein. Im Streik der Profilwalzwerker konnten die politischen Gruppen zeigen, wer ein Sozialist und wer ein Revolutionär der Phrase ist. Die KPD/ML kam mit Phrasen zu uns ans Tor und legte es allein darauf an, spektakuläre Erfolge zu erzielen und abzusahnen. Aber wer absahnen will, kann nicht ehrlich im Dienst der Klasse stehen, sondern macht die Arbeiter zum Objekt seiner egoistischen Interessen.

Kommen wir zurück zur Anbetung der Spontaneität, die die KPD/ML den Kumpels vorwarf. Ich finde, unser Streik hat gezeigt, daß Spontaneität und Führung eine Einheit bilden können. Außerdem gibt es auch keine reine Spontaneität. Wenn Arbeiter in einen Streik treten, ohne daß die Gewerkschaft sie dazu aufruft, dann spricht man von einem spontanen Streik. Gut. Aber diese Spontaneität, die im Kampf zum Ausbruch kommt, ist oft vielfältig vorbereitet: durch Erfahrungen, Gespräche usw. Wenn der Streik dann läuft, muß er zu einem erfolgreichen Ende geführt werden. Sonst wirft er die Arbeiter zurück und sie trauen sich noch weniger zu. Und da stellt sich das Problem der Führung. Und wenn ich sage, im Streik der Profilwalzwerker haben Spontaneität und Führung eine Einheit gebildet, dann meine ich damit, sie waren nicht völlig getrennt voneinander. Es gab und gibt vielleicht auch gar nicht diese zwei Schubladen, die eine für die Spontaneität und die andere für die organisierte Führung. Da werden noch oft Gegensätze gesehen, die es nicht gibt.

Der KPD/ML jedoch ist jede Form von Spontaneität ein Dorn im Auge. Muß sie ja auch sein. Denn wenn die Arbeiter sich selber führen, wo soll denn dann ihre »Führerin« bleiben. Während aber diese »Partei« und »Führerin« ihre Prinzipien und Rezepte für unangreifbare Allheilmittel ausgibt, sind viele von uns Arbeitern weit davon entfernt zu sagen: So und nicht anders, wie wir es gemacht haben, wird mit Erfolg gestreikt. Denn was das eine Mal richtig ist, kann beim nächsten Mal schon falsch sein. Andernfalls wären die Schriften der marxistischen Klassiker Rezeptbücher zur Revolution. Marx wäre dann kein revolutionärer Theoretiker und Praktiker gewesen, sondern ein Heilsbringer. Wer den wissenschaftlichen Sozialismus aber so versteht, der sollte lieber bei der Bibel bleiben. Denn die Bibel enthält erbaulichere Sprüche als die Marxschen Schriften.

Während die offizielle DKP-Politik wegen ihrer versöhnlerischen Haltung gegenüber der IGM-Spitze anzuprangern ist, die DKP sich also rechts von den Interessen der streikenden Kumpels befand, hat sich die KPD/ML ihrem eigenen Anspruch nach »links« von uns, aber völlig massenfern und spalterisch hervorgetan.

Ihre Abfuhr, die ihre Vertreter deswegen von den Arbeitern erhielten, ihre so offensichtliche Niederlage, ist der KPD/ML aber keineswegs zu einer Lehre geworden. Im Gegenteil: Engstirnig wie diese MLer sind, konnten sie auch nach dem Streik immer nur herunterleiern: »Hätte es eine RGO gegeben, hätte es eine Streikleitung gegeben.« Ja, hätte . . .

»Das Verhalten einer politischen Partei zu ihren Fehlern ist eines der wichtigsten und sichersten Kriterien für den Ernst einer Partei und für die tatsächliche Erfüllung ihrer Pflichten gegenüber ihrer Klasse und den werktätigen Massen. Einen Fehler offen zugeben, die Umstände, die ihn hervorgebracht haben, analysieren, die Mittel zur Behebung des Fehlers sorgfältig prüfen — das ist das Merkmal einer ernsten Partei, das heißt Erfüllung ihrer Pflichten, das heißt Erziehung und Schulung der Klasse und auch der Masse«, sagt Lenin. Die Leninisten sollten mal Lenin lesen!

3. Eine lokale Gruppe: Die Duisburger ML

Die »Marxisten-Leninisten Duisburg« sind eine Gruppe, die 1971 aus der Spaltung des »Roten Morgen« hervorgegangen ist. Seitdem werden sie von ihren Gegnern die »Liquidatoren« genannt.

Bei unserem Streik hoben diese Genossen sich mit ihren Aktivitäten einigermaßen wohltuend von der KPD/ML, der »KPD« und ähnlichen Gruppen ab. Die Taktik der ML Duisburg war im wesentlichen richtig, und die Art, in der ihre Anhänger den Kumpels gegenüber auftraten, war ganz kameradschaftlich. So haben sie in ihrer Betriebszeitung »Die Lanze« in den wichtigsten Phasen des Streiks genau die Stoßrichtung eingeschlagen, die auch die bewußtesten Kollegen vertraten, und zwar mit Argumenten, nicht wie der »Rote Morgen« mit der Einpeitschermethode. Schon sehr früh erschien »Die Lanze« mit Beiträgen, in denen die Rolle Bünks und des 1. Bevollmächtigten der IGM in Duisburg, Bulitz, offen kritisiert wurde. Während zu diesem Zeitpunkt die Kollegen über Bünk schon lange selber Bescheid wußten, »Die Lanze« ihnen also nichts Neues brachte, haben die Beiträge über Bulitz tatsächlich mitgeholfen, einigen Kollegen über diesen Gewerkschaftsvertreter die Augen zu öffnen.

Und auch in den Gesprächen am Tor verhielten sich die »Duisburger« nicht anders als in den Artikeln ihrer Betriebszeitung. Sie redeten ohne großes Partei- und Imponiergehabe mit den Kumpels und haben es auch recht gut verstanden, ihnen einige politische Zusammenhänge zu erklären.

Den Unsinn mit der »Streikleitung« und der »RGO« dagegen hat die ML Duisburg erst gar nicht mitgemacht. Dafür haben

ihre Leute im Gegensatz zur KPD/ML und zur »KPD« von Anfang an das Streikkonto unterstützt, ohne lange danach zu fragen, welcher »Revisionist« dieses Konto denn eingerichtet hat.
Anders als »KPD« und KPD/ML erhebt die ML Duisburg auch nicht den Anspruch, *die* »Partei der Arbeiterklasse« zu sein. Diese Partei wollen sie erst noch aufbauen.
Wie, das ist die große Frage. Denn als eine Gruppe, die wie die meisten anderen hauptsächlich aus Nicht-Arbeitern besteht, konnte auch die ML Duisburg unsere Kämpfe bestenfalls kommentierend und materiell unterstützen. Ich meine, das hat sie gut gemacht.
Aber letztlich sind auch sie nicht Teil der Arbeiterklasse und wie viele linke Gruppen gezwungen, mit der großen Lupe die Arbeiterklasse von außen zu betrachten. Von außen aber kann niemand die Arbeiter ernsthaft kommunistisch organisieren, schon gar nicht, wenn kein Versuch gemacht wird, sich in der Klasse zu verankern.

4. Die Trotzkisten um die Gruppe »Spartacus«

Diese Gruppe setzt sich aus einigen ehemaligen Schülern zusammen, die teilweise in Betrieben arbeiten, allerdings keiner davon bei Mannesmann. Bei den Bundestagswahlen Monate vor dem Streik haben sie ihre Stimme der DKP gegeben, gleichzeitig aber gedroht, ihre Unterstützung wieder einzustellen, wenn die DKP in Zukunft nicht gegen die SPD kämpft. Man sagt, daß Kurt Bachmann[20] daraufhin gezittert haben soll. Die Mitglieder dieser Jugendgruppe waren ansonsten ganz in Ordnung, und in einigen wenigen Gesprächen zeigte sich, daß sie Leo Trotzki ehrlich bewundern. Es waren ganz helle Köpfe unter ihnen, sie gaben sich zum Teil aber schon so stark akademisch, daß sie keinen nennenswerten Einfluß auf Kollegen gewannen.
Beim Streik stiegen sie erst sehr spät ein, waren nicht sehr aktiv, standen so herum und verteilten nur ein paar Flugblätter. Es nimmt ihnen wohl niemand krumm, aber in diesen Flugblättern wurden z. T. rührende Illusionen vertreten, die selbst die Kollegen kaum noch hatten. So richtete sich ein Flugblatt an die SPD-Betriebsgruppe mit der Frage: »1. Warum kommt kein Vertreter der SPD zu den Streikenden am Tor?« oder »2. Warum stellt sich die SPD nicht hinter die gerechten Forderungen der Streikenden?« In diesem Sinne ging es weiter. Die SPD reagierte natürlich nicht bzw. hatte längst klar gemacht, was sie von dem Streik hielt. Ich erinnere nur an den Auftritt von Personaldirektor Schreiner, der gleichzeitig Mitglied im

20 Damals DKP-Vorsitzender.

SPD-Betriebsgruppenvorstand ist, schon eine halbe Stunde nach Beginn des Streiks am 28. Februar.
Daß ihre Anfragen an die SPD nichts bringen, das hätten die jungen Trotzkisten von beinahe jedem Kumpel erfahren können.

5. Die »KPD« oder Was die andere »einzige Führerin und Partei der Arbeiterklasse« den Arbeitern im Streik zu sagen hat

Mit einer großen Plakette, die die Aufschrift »Liga gegen den Imperialismus« trägt, stellt er sich vor Tor 1 – der KPD-Mann. In seiner Nähe steht ein Vertrauensmann aus einem anderen Betrieb der Hütte, also nicht aus dem PWW, und verkündet mit geschickter Schauspielerpose, daß der einzige und richtige Protest gegen die Hartnäckigkeit der Unternehmer in dieser Situation der Rücktritt des Betriebsrates sei. In diesem Moment kommt der BR-Vorsitzende gerade aus dem Betrieb und weist den V-Mann wegen seiner Reden zurecht. Da schließt der KPD-Mann messerscharf (wir kennen diese Schärfe ja schon von der anderen einzigen »Partei«, der KPD/ML): Betriebsratsvorsitzender = Bonze; Bonze greift V-Mann an; V-Mann aber = Arbeiter; also: Bonze = Verräter; V-Mann = Arbeiter = gut. Also unterstützt dieser grandiose Kommunist das Gerede des V-Mannes und meint, wenn der Betriebsrat zurücktrete, zeige dieser Rücktritt den Hüttenbossen, daß der BR wirklich auf Seiten der Arbeiter stehe . . .
Die Kollegen, die sich das anhören müssen, lächeln eher mitleidig. Was der messerscharf argumentierende KPD-Mann nicht wußte war, daß der Vertrauensmann im Auftrag von Bünk so redete. Wieso? Bünk hatte bei den letzten Betriebsratswahlen eine vernichtende Schlappe hinnehmen müssen. Während 75% der Kollegen die Gruppe um den linken BR-Vorsitzenden Herbert Knapp wählten, bekam Bünk nur wenige seiner Leute durch. Diese Niederlage wollte Bünk unbedingt wettmachen. Dazu glaubte er jetzt im Streik eine Gelegenheit zu haben. Denn wenn der BR, wie Bünks V-Mann forderte, tatsächlich zurückgetreten wäre, dann hätte es keine Neuwahlen gegeben (die das alte linke Ergebnis nur noch mehr bestätigt hätten), sondern dann wären diejenigen Listenmitglieder automatisch nachgerückt, die sich bei den Wahlen nicht durchsetzen konnten. Und das waren vor allem Bünk-Leute. Doch als einige Kollegen versuchten, dem KPDler diesen Zusammenhang klar zu machen, guckte er ungläubig aus der Wäsche und verstand nur Bahnhof.
Daß der »KPD« auch sonst jeder Durchblick fehlte, zeigt ihre Berichterstattung in der »Roten Fahne«. In der Nr. 10 auf Seite

1 heißt es: »... Der Kampf der Kollegen des PWW der Mannesmann Hüttenwerke in Duisburg um die Durchsetzung einer einheitlichen Lohnerhöhung hat sich verschärft ...«
Richtig. Verschärft hatte sich schon was. Nur hatte die »KPD« eine kleine Feinheit übersehen. Wir streikten nicht für eine »einheitliche Lohnerhöhung«, also nicht um eine Anhebung der Tariflöhne, sondern wir streikten für eine einheitliche Höhereinstufung in mindestens Lohngruppe 10 im Rahmen (!) der tariflichen Lohngruppen.
In der gleichen Ausgabe der »Roten Fahne« ein paar Seiten weiter geht es so uninformiert weiter: »... Am Mittwoch um 14 Uhr erfuhr die Spätschicht des Huckinger Profilwalzwerkes (!), daß der Vorstand (der Hütte) nicht bereit war, eine geforderte Lohnerhöhung für die gesamte Belegschaft des Pilgerwalzwerkes (!) zu zahlen ...« Also traten die Kollegen in den Streik.
Was glaubte die »KPD» entdeckt zu haben? Die »Partei« glaubte, daß die Belegschaft des Profilwalzwerkes (PWW) in Duisburg-Huckingen am Mittwoch um 14 Uhr in den Streik getreten sei, weil sie erfahren hat, daß die Belegschaft des Pilgerwalzwerkes (!) (klingt ja so ähnlich wie PWW) die von ihr geforderte Lohnerhöhung nicht bekam. Dieses Pilgerwalzwerk liegt aber nicht bei uns in Duisburg, sondern in Mülheim-Styrum und gehört zu den Röhrenwerken, nicht zur Hütte! Das wäre ja ein hervorragender Beweis der Solidarität gewesen. Nur stimmte nichts davon.
Mit anderen Worten: Die »KPD« hat von allen Gruppen am Tor der Ansicht vieler Kollegen nach die wohl lächerlichste Figur gemacht. In ihrer Uninformiertheit und Großkotzigkeit übertraf sie sogar noch die Genossen der KPD/ML.
Sie ließ sich zum ersten Mal bei uns blicken, als der Streik schon das Wochenende überwunden hatte. Den Streik aber übers Wochenende zu bringen, war unsere erste wichtige Aufgabe gewesen. Die »KPD« erschien also erstmals am 7. März. Richtig. Am 7. März. Ich erinnere daran, daß der Streik bereits am 28. Februar begonnen hatte und am 9. März zu Ende gehen sollte.
Nach über einer Woche Kampf der Kollegen hatte die »ruhmreiche Partei der Arbeiterklasse« gemerkt, daß in einem Konzernbetrieb ein Teil der Klasse streikt, dessen Führerin sie ist. Also nix wie hin ans Tor. Inzwischen aber hatte es selbst die Bildzeitung gemerkt. An diesem 7. März verteilte die »KPD« dann ein Flugblatt, das die Überschrift trug: »Kommunistische Arbeiterpresse«. Wer's nicht glaubt, für den noch einmal: »Arbeiterpresse« stand da drauf. Diese Arbeiterpresse verkündete uns, daß wir streiken. Wir waren erstaunt, das zu erfahren. Die »KPD« erzählte uns ferner, daß wir für eine neue Prämienregelung streiken. *Das* allerdings war den Kumpels neu. Bis zu

diesem 7. März hatten sie nämlich immer geglaubt, für eine höhere Lohngruppeneinstufung zu kämpfen, nun aber streikten sie auf einmal für eine neue Prämienregelung. Die andere und wieder mal alleinige »Führerin der Arbeiterklasse» hatte uns was Neues beigebracht. Es sollte das einzige bleiben.
Was soll ein Kollege eigentlich denken, der die ewigen Besserwisser dieser »Partei« mal erlebt hat, wenn er in ihrer Zeitung liest, »daß ... die Kommunistische Partei Deutschlands die klar revolutionäre Linie und organisatorische Voraussetzung geschaffen hat, um die besten Elemente der Arbeiterklasse zum wirklichen Vortrupp des Proletariats zusammenzuschließen«.
Für die »KPD« wie für die KPD/ML gilt, daß ihnen keiner zum Vorwurf macht, sich im Betrieb und unter den Kollegen nicht richtig ausgekannt zu haben. Wir Arbeiter bewegen uns in der Universität bestimmt auch nicht sofort wie die Fische im Wasser. Aber wer seine Unkenntnis nicht zugibt, aus seinen Fehlern nicht lernt und nicht bereit ist, es in Zukunft besser zu machen, auch wenn dabei mal ein bißchen von der »korrekten Linie« flöten geht, mit dem wollen die Kollegen nichts zu tun haben.
Mit einer »KPD« brauchten sich die Kumpels eigentlich gar nicht weiter zu befassen, wenn dieser bürgerliche Verein im proletarischen Parteigewand der Sache des Kommunismus nicht so viel Schaden zufügen würde – nicht zuletzt in den Augen der Arbeiter. Wenn diese »Arbeiterpartei« für sich die Namen von Rosa Luxemburg und Karl Liebknecht in Anspruch nimmt, dann kann einem das nur wie eine Schmierenkomödie vorkommen.

Die Arbeiter und die Intellektuellen

»KPD« und KPD/ML nennen sich zwar Parteien des Proletariats, ihre Mitglieder sind aber in der Mehrheit selber keine Arbeiter. Und als diese »proletarischen« Parteien sich zum Träger der Revolution ernannt haben, sind die Arbeiter nicht gefragt worden. So ist es dann auch weitergegangen: Auf der einen Seite Programme und Beschlüsse dieser »Arbeiterführer«, auf der anderen Seite die Kollegen. Nur zu tun hatten sie nie was miteinander. Und so wird es wohl auch in Zukunft weitergehen. Ich meine, daß diese Organisationen im Augenblick nur deshalb soviel Staub aufwirbeln, weil die Arbeiterklasse selbst noch nicht wieder stark genug ist. Für das Erstarken der Arbeiter zu einer kämpferischen Klasse aber gibt es inzwischen auch in der Bundesrepublik wieder genug Anzeichen. Das Selbstbewußtsein der Kollegen wächst. Auch unser Streik ist dafür ein wegweisendes Beispiel.
Um stark zu werden, dazu brauchen die Arbeiter aber die

Unterstützung der linken Intellektuellen. Entwicklung des Klassenkampfes heißt nämlich nicht nur, daß mehr gestreikt wird und in den Fabriken mehr gekämpft wird. Sondern Entwicklung des Klassenkampfes heißt auch, daß die Arbeiter und die Intellektuellen, die sich für den Sozialismus entschieden haben, sich näher kommen und gemeinsam marschieren. Das ist noch lange nicht für jeden Kollegen selbstverständlich. Im Gegenteil! Die Abneigung gegen *die* Studenten ist oft noch sehr groß. Das geht auch kämpferischen Kollegen manchmal so. Wenn sie nur das Wort hören, denken sie an grundsätzlich kleinbürgerlich-reaktionäre und konterrevolutionäre Elemente, an Nichtstuer und Schwätzer dazu. Ich selber kenne Kollegen, die so dachten, inzwischen aber wissen, daß das falsch war. Sie haben gelernt.

Aber woher kam dieser Haß gegen alles, was sich »intellektuell« schimpfte? Er war ganz einfach die Reaktion auf ein Verhalten der Intellektuellen, wie es in den Organisationen wie »KPD« und KPD/ML zu Hause ist. Denn da wird viel von der Arbeiterklasse geredet, und in Worten verneigen sich diese »Marxisten-Leninisten« vor den Arbeitern. Wenn man sie dann aber in ihrer Praxis antrifft, wenn man sieht, wie sie handeln, dann kommt immer genau das Gegenteil von dem heraus, was sie sagen: Sie bevormunden uns Arbeiter und spielen sich den Kollegen gegenüber auf, wie der Messias selber. Das kann einen rasend machen vor Wut. Da kommen diese Intellektuellen daher, viele von ihnen haben noch kurz vorher die Schulbank gedrückt und wurden über Nacht »Marxisten« und wissen gar nicht, was das heißt, in einer kapitalistischen Fabrik zu schuften, und predigen uns das Paradies! Und wenn wir nicht alles bis ins Kleinste fressen, was diese Bürgersöhnchen ausspucken, dann heben sie den Zeigefinger, ziehen die Augenbrauen hoch und weisen uns wie von einer Kanzel her zurecht. Und anschließend stehen wir wieder am Fließband, am Hochofen, an der Walzstraße oder sonstwo, wo es zupacken und die Zähne aufeinander beißen heißt, und diese Leute von der proletarischen Partei sitzen im Café nebenan, schlemmen ihre Schokolade und lernen neue Lehrsätze auswendig und zucken »verzweifelt« mit den Schultern, weil die Proleten noch so dämlich sind.

Wer will da einem Arbeiter böse sein, der nur solche Intellektuellen kennengelernt hat, und ihnen und »allen diesen Schmarotzern« nur noch Wut entgegenbringt.

Kollegen, es gibt auch andere. Zum Glück. Es gibt auch solche Intellektuelle, die nicht die Unverschämtheit haben, sich als unsere »Führer« aufzuspielen, sondern die ihre Grenzen kennen und es ernster nehmen mit der Solidarität. Es gibt auch solche Intellektuelle, die uns Arbeiter zu Rate ziehen, wenn sie an ihrer Theorie basteln. Solche, die wissen, daß sie ohne die

Arbeiter nichts, gar nichts erreichen können. Diese Intellektuellen sind bereit, von uns zu lernen. Und wir Arbeiter müssen bereit sein, von ihnen zu lernen. Zusammen nämlich können wir Berge versetzen.
Wenn wir aber getrennt kämpfen, wenn aber die Intellektuellen meinen, nur sie machten alles richtig, und wenn die Arbeiter glauben, ihre Erfahrungen alleine genügten und sie brauchten nicht mehr Wissen, keine Theorie, dann, ja dann marschieren zwei Sekten. So formulierte es mal unser BR-Vorsitzender überspitzt. Ich finde, daß er recht hat.

Gegen die »Parteien«, für eine neue Partei

Die Absage an die im Augenblick bestehenden Gruppen mit Parteianspruch kann dazu verleiten, eine Arbeiterpartei prinzipiell für unnütz zu halten. Diese Tendenz gibt es, und die Genossen, die auf sie schwören, gehen davon aus, daß die »Demokratisierung« und der Klassenkampf in den Gewerkschaften allein genügt, um dem Kapitalismus eines Tages die Stunde schlagen zu lassen. Dazu meine ich zweierlei: Einmal ist es völlig unerläßlich, daß die Arbeiter in den Gewerkschaften den Kampf vorantreiben, dort mehr um ihre Rechte kämpfen, sich neue Rechte erobern und die Gewerkschaft wieder zu ihrer Waffe machen. Denn zur Zeit ist die Gewerkschaft oft eine Waffe gegen die Arbeiter. Zum anderen ist die grundsätzliche Ablehnung des Parteigedankens eine sehr verständliche Reaktion auf die Erfahrungen mit den sogenannten »Parteien«, wie sie die verschiedenen »KPDs« darstellen. Denn diese »Parteien« geben in Worten vor, dem »Volke zu dienen«, was sie dann aber *tun* oder besser tun würden, wenn diese Häuflein nur die Macht dazu hätten, ist, das Volk zu bevormunden. Aber eine Reaktion, die noch so verständlich ist, muß politisch noch lange nicht richtig sein. Darum meine ich, daß die Arbeiter neben dem Kampf in den Gewerkschaften auch um eine neue Partei kämpfen werden müssen. Eine politische Partei, in der wir nicht katzbuckeln müssen, sondern die Macht haben.
Das klingt sehr utopisch. Aber ist es nicht noch utopischer zu glauben, mit den Gewerkschaften alleine könnten wir die Kapitalisten besiegen? Das hat in der Geschichte noch nie geklappt. Und aus der Geschichte müssen wir lernen. Nicht umsonst ist der Materialismus von Marx ein »historischer Materialismus«.
Gucken wir uns doch mal die politischen Verhältnisse in der Bundesrepublik an. Da gibt es zwei große Parteien, eine kleinere, die FDP dazu, und die DKP.
Die CDU wird von Arbeitern immer weniger gewählt. Denn

diese Partei hat zwanzig Jahre lang bewiesen, wessen Interessen sie vertritt: die der Bonzen, der Geldbeutel, kurz, der fetten Kapitalisten. Die FDP ist zwar nicht so offen eine Unternehmerpartei wie die CDU, auch ein bißchen moderner, aber für uns Arbeiter? Sogar gegen die Mitbestimmung, die den kleinen Kollegen sowieso nichts bringt, ist sie eingestellt. Bleiben SPD und DKP.
Aber die SPD – was hat sie uns gebracht? Nichts! Im Gegenteil: Überall, wo Arbeiter aufstehen und für ihre Interessen kämpfen, gehen führende Sozialdemokraten gegen sie vor. Wir Profilwalzwerker haben es im Streik ja am eigenen Leib erlebt. Und Willy Brandt selber hat spontane Streiks in die Nähe des Kriminellen gerückt. Eine großartige Arbeiterpartei! Und die vielen Reformen? Was ist aus ihnen geworden? Auch nichts! Immer mehr Kollegen spüren das und fragen sich schon heute, warum sie die SPD gewählt haben. Ja, warum, Kollegen? Aber was sollten wir denn anderes machen? Und was passiert bei der nächsten Wahl? Wieder CDU wählen? Um noch mehr beschissen zu werden? Und nach vier Jahren wieder die SPD? Und dann wieder die CDU? Von Enttäuschung zu Enttäuschung?
Bleibt die DKP. Sie ist die einzige Partei, die wenigstens klar sagt, auf wessen Seite sie steht. Und es gibt nur zwei Seiten: Kapital oder Arbeit. Aber wer genau hinsieht, der merkt, wie sehr die DKP nicht nur bei der Gewerkschaftsführung, sondern auch bei der SPD lieb Kind macht und um Anerkennung ringt. Was da mit der DKP im Kommen ist, ist eine neue Herrschaft der Bürokraten und eine Vorstellung von Sozialismus, in dem nicht die Arbeiter, sondern ihre sogenannten »Vertreter« die Macht haben.
Die DKP ist so etwas wie eine kleine DDR in der Bundesrepublik. Was die pfeifen, pfeift die DKP bei uns kritiklos nach. Und die Kollegen wissen, was faul ist an diesem Sozialismus . . Auch wenn dort viel geleistet wurde.
Wir brauchen in der Bundesrepublik aber unseren eigenen Sozialismus. Und den kriegen wir nur mit einer eigenen Arbeiterpartei.

Nach 10 Tagen Kampf: Die Arbeiter siegen.
Der Streik ist zu Ende

Kehren wir zum Streik zurück. 7 Tage lang hatten die Bosse sich geweigert zu verhandeln. Sie hatten geglaubt, durch ihre Hartnäckigkeit und Kompromißlosigkeit könnten sie den Streik in die Knie zwingen. Doch die Bosse hatten nicht nur ständig »Nein« zu unseren Forderungen gesagt, d. h. sie hielten sich nicht nur in der Verteidigung, sondern sie waren zum

offenen Angriff gegen die Kumpels übergegangen. Ich erinnere an die verschiedenen Streikbrechertricks, an den Terror mit den nächtlichen Briefen, an ihre Drohungen, an ihre Versuche, die Produktion mit eigenen Leuten wieder aufzunehmen, an den Einsatz der Presse im Sinne der Mannesmann-Herren und nicht zuletzt an die Rolle der Justiz im Streik. Sie hatten also keine Mittel gescheut, die Kollegen kaputtzumachen. Aber sie kamen nicht durch.
Der kleine Haufen von 400 Profilwalzwerkern hielt den Angriffen der mächtigen Stahlbarone stand. Darauf können wir stolz sein! Wir zwangen *sie* auf die Knie. Als ihr letztes und gefährlichstes heißes Eisen, der Delegiertentrick des Direktors Gundulach abgekühlt war, als auch dieser Versuch, ein paar Kollegen aus der Front der Streikenden herauszubrechen, gescheitert war, zeigte die Unternehmensleitung sich endlich zu Verhandlungen bereit.
Ihre lange Weigerung hatte die Arbeiter nicht zermürbt, sondern nur noch fester zusammengeschweißt.
Ab dem 7. März, dem 8. Streiktag, wurde also verhandelt. Während der Verhandlungen verhielten die Kumpels sich keinen Deut anders als in den Tagen zuvor: Die Halle des Direktionsgebäudes und der Rollgang blieben besetzt. Der Streik wurde unbeirrt und in der alten Härte fortgesetzt. Denn wer sollte wissen, was bei den Verhandlungen herauskam?! Auch am Tor dasselbe Bild: Die Kumpels warten, reden miteinander, die Frauen und die politischen Gruppen sind da. Das ging noch zwei Tage so weiter. Inzwischen erfuhren wir, daß die Herren auf dem Rückmarsch waren. Steinhauer und der Arbeitsdirektor Henne waren bei den Verhandlungen ins zweite Glied zurückgestellt worden. Anstelle der Hüttenbosse verhandelten die Herren vom Mannesmann-Gesamtvorstand (nur Spitzenboß Overbeck selber fehlte dabei) mit dem Betriebsrat. Warum die Hüttenbosse in den Verhandlungen nur noch eine untergeordnete Rolle spielten, kann man nur ahnen. Wir vermuten, daß sie wegen ihrer Machenschaften, der ständigen Briefe, dem »Kommunistenspiel« und anderen »klugen« Einfällen kaum noch akzeptiert wurden. Vor allem Henne war völlig in Mißkredit geraten.
Freitag früh, am 9. März, gegen 4 Uhr morgens war es soweit: Der BR-Vorsitzende informierte erst den Betriebsrat, dann kurz die Kollegen der Nachtschicht, daß es so aussehe, als ob sie fertig seien. Es gebe nur noch ein paar Fragen zu klären.
Um 6 Uhr wurde die Nachtschicht auf dem Rollgang abgelöst. Drei Stunden später, um 9 Uhr, kam dann ein Kollege des Betriebsrates an den Rollgang und wollte die Kumpels nach vorn zur Beratung holen. Aber nicht alle gingen mit. Ein Teil der Kollegen ging mit nach vorn, ein anderer Teil aber blieb

sitzen und hielt die Stellung, die ja seit Tagen von großer strategischer Bedeutung war: »Wir bleiben hier. Wenn der Abschluß uns bescheißt, dann streiken wir weiter.«
Diese Härte der Kumpels löste nicht wenig Verblüffung aus. So kam der zweite Vorsitzende des Betriebsrates z. B. selber an den Rollgang, überzeugte sich davon und bat die Kollegen, doch mit nach vorn zu kommen. Vergebens. Sie blieben. Erst als ein Kumpel, der von dem Abschluß schon erfahren hatte, an den Rollgang kam und Bescheid gab, ließen sie sich dazu bewegen, die Stellung aufzugeben und zur Streikversammlung nach vorn zu kommen. Das zeigt deutlich: Trotz großen Vertrauens in den Betriebsrat behielten sich die Kollegen bis zum Schluß eine gesunde Skepsis: »Man kann ja nie wissen, was die mit den Herren ausgemauschelt haben.«
Vorn erfahren wir das Verhandlungsergebnis. Unser Kampf war erfolgreich. Der Abschluß gut.
Zwar bekamen die Kumpels nicht alle die geforderte Mindesteinstufung in Lohngruppe 10 (Stundenlohn 7,69 DM), aber die meisten wurden in Lohngruppe 9 (Stundenlohn 7,50 DM) eingestuft. Viele verbesserten sich dadurch um 2 Lohngruppen. Außerdem wurde eine Regelung über sogenannte Bereichsarbeitsplätze geschaffen. Sie ermöglicht, daß die Kollegen ihren Kenntnissen entsprechend höher eingestuft werden können. Die Streikzeit wurde nicht bezahlt. Dafür wurde die Höhereinstufung aber rückwirkend ab dem 1. Juni 1972, also rückwirkend für beinahe 10 Monate ausgehandelt. Das bedeutete, daß wir den Verlust durch die Streikzeit in der Lohntüte nicht spürten. Im Gegenteil: Durch den rückwirkend gültigen Abschluß kam für viele, trotz Streikzeit, im ganzen eine Nachzahlung bis zu 600 DM heraus. Darüber hinaus gab es noch eine Öffnung der Prämie, d. h. die Prämie blieb kein Festsatz, sondern richtete sich nun nach der Produktivität: Je höher die Produktivität, desto höher auch die Prämie. In Pfennigen gerechnet, bedeutete das alles in allem für fast alle Kollegen einen Stundenlohn, der der Lohngruppe 10 entspricht, auch wenn sie offiziell nicht allen gewährt wurde. Die meisten lagen sogar darüber, wenige darunter.
Das mit der Prämienöffnung war ursprünglich von den Herren selber vorgeschlagen worden. Sie hatten damals gehofft, durch diesen Vorstoß unsere Forderung nach einer Höhereinstufung der Löhne abblocken und die Kollegen beruhigen zu können. Wir ließen uns aber damit nicht abspeisen, sondern streikten für die Höhereinstufung. Jetzt, in den Verhandlungen über höhere Löhne, wurde die Prämienöffnung ein Bumerang für die Bosse. Sie konnten schlecht zurücknehmen, was sie selber vorgeschlagen hatten. Also kriegten wir beides, höhere Löhne und höhere Prämien.

Unser Sieg kostete die Herren weitaus mehr, als sie sich hätten träumen lassen. Während der alte Entwurf des Betriebsrates zur Lohnerhöhung dem Unternehmen Mehrkosten in Höhe von etwa 500 000 DM jährlich gebracht hätte, der Kompromiß der Lohnkommission, den die Herren ignorierten und der dadurch zum Zündfunken für den Streik wurde, nur noch 300 000 DM, und das Diktat der Bosse schließlich nur noch 100 000 DM, verursachte der jetzige Abschluß über die Höhereinstufung allein schon beinahe 500 000 DM. Wenn man die Kosten der Prämienregelung dazurechnet, gehen die Mehrkosten in die Millionen. Denn sie konnten die Prämienöffnung schlecht auf das Profilwalzwerk beschränken, sondern mußten sie in allen Produktionsbetrieben einführen. Sonst konnte es schnell passieren, daß anschließend auch die anderen Kollegen nach vorne gehen.
Offiziell gab Mannesmann den durch den Streik entstandenen Schaden mit 20 Millionen Mark an. Rechnet man aber den Schaden an den Anlagen, die Folgekosten, die Produktionseinbußen im Mülheimer Pilgerwalzwerk, das ja nur von uns mit Rohmaterial versorgt werden kann, und dergleichen mehr dazu, dann dürfte der Schaden in Wirklichkeit noch viel höher sein. Rechnet man den moralischen Gewinn der Arbeiter insgesamt, dann ist der Schaden für die Kapitalisten in Geld nicht mehr auszudrücken.
Was aber hatten die Mannesmann-Bosse zu Beginn unseres Streiks doch noch gesagt? »Den Hüttenwerken entsteht durch den Streik kein Verlust.«
Am Freitag, dem 9. März um 10 Uhr stimmten die Kollegen dem Abschluß zu. Erst durch unsere Zustimmung wurde der Abschluß rechtskräftig. Damit war der Streik zu Ende.
Die IG Metall spielte dabei eine Statistenrolle. Sie übernahm Aufgaben, die ebensogut der Betriebsrat hätte erfüllen können. Die Gewerkschaft schloß ein Abkommen darüber ab, daß Mannesmann das Gerichtsurteil nicht anwenden darf, alle Kosten trägt und keinerlei Repressalien gegen die Streikenden unternimmt. Wir Arbeiter mußten dagegen darauf verzichten, das Gerichtsurteil anzufechten und gegen die Streikbrecher vorzugehen. Stellvertretend für die IG Metall las uns Bulitz das Abkommen vor. Doch als er damit fertig war, wartete er das Ende der Versammlung erst gar nicht mehr ab, sondern verschwand sehr bald. Er spürte deutlich das eisige Verhalten, das ihm von den Kumpels entgegenkam. Hier, unter den Profilwalzwerkern, hatte er keinen Blumentopf mehr zu gewinnen.
Etwa drei Wochen nach Beendigung unseres Streikes warfen die Kumpels des Walzwerkes von Krupp in Rheinhausen die Brocken hin. Morgens hörten sie mit der Arbeit auf, mittags

waren ihre Forderungen erfüllt. Die Stahlbarone haben das Knieschlottern bekommen, die Kollegen werden härter. Und wir, die Profilwalzwerker bei Mannesmann, haben dazu das Signal gegeben.

Über die Veränderung des Bewußtseins durch den Kampf

Während des Streiks hatten die Kumpels Gelegenheit, über vieles nachzudenken, und sie haben viel gelernt. So haben sie z. B. gelernt, wie man die eigenen Interessen der Öffentlichkeit näher bringt. Das geschah durch eine eigene Pressekonferenz, ständige Diskussionen und auch dadurch, daß die Kollegen sich nicht damit zufrieden gaben, durch die politischen Gruppen zentnerweise mit Papier bombardiert zu werden, sondern selber Flugblätter machten.
So war der Streik nicht nur ein großer materieller Erfolg, so haben die Kollegen nicht nur harte Münze durchgesetzt, sondern der Streik war auch eine sehr gute Schule für das Selbstbewußtsein, die Kampfmoral und die Solidarität der Arbeiter. Dabei konnten sie manche neue Einsicht gewinnen und dabei veränderte sich bei vielen das Bewußtsein.
Was den ganzen Streik über anhielt und sich nicht veränderte, waren Verbitterung und Wut über die Sturheit der Hüttenbosse. Nur hatte die Wut am Anfang noch keine richtige Perspektive, d. h. die Kollegen waren einfach spontan über die Unverschämtheit der Bosse verärgert, uns mir nichts dir nichts dieses Diktat auf den Tisch zu knallen, und sie gingen nach vorn, um mal ihre Entschlossenheit zu demonstrieren, sich das nicht immer gefallen zu lassen. Je länger der Streik dauerte und je weniger die zahlreichen Schikanen der Herren was ausrichteten, desto mehr aber kam zu der Wut die Siegeszuversicht hinzu und der durch nichts mehr umzustürzende Wille, um jeden Preis durchzuhalten. Die Wut bekam damit eine klare Orientierung.

Über Presse und Justiz

Zu Anfang des Streiks machten sich die meisten Kollegen noch ziemlich große Illusionen über die Presse und die Justiz. So meinten einige, wir sollten doch einfach die »Bildzeitung« anrufen, denn die würden bestimmt was bringen. Andere setzten mehr auf die »seriöseren« Zeitungen usw. Aber von diesen Ansichten war bald nicht mehr viel übrig. Denn die Kollegen brauchten ja nur die Augen aufzumachen und nachlesen. Da sahen sie, was »bürgerliche Presse« heißt und wem sie dient. Es war nicht mehr nötig, große Vorträge über die bürgerliche

Presse zu halten. Die Kumpels erlebten die Rolle dieser Presse ja in ihrem eigenen Kampf.
Und die Justiz? Wer sollte noch auf sie hoffen, als der Gerichtsbeschluß mit dem Werksverbot für die 42 Kollegen ins Haus kam?

Über Staat und Gesellschaft

Es wäre falsch, zu übertreiben und zu behaupten, die Kumpels hätten nach dem Streik den Charakter der kapitalistischen Gesellschaft und des Staates restlos begriffen. Aber Ansätze, sich darüber Klarheit zu verschaffen, waren eine Menge da. So sammelten sich oft Trauben von Arbeitern um irgendeinen anderen Kollegen, der dann meist mit viel Witz und in Form einer lustigen Geschichte einige Zusammenhänge über den Staat und die Gesellschaft erklärte: Er sprach von der Klassenstruktur des Staates und brachte Beispiele für die Ansicht, daß der Staat ein Unterdrückungsinstrument gegen die Arbeiterklasse ist. Die Kollegen bogen sich dabei teilweise vor Lachen, aber sie erkannten den wahren Kern der Geschichte. Es ist klar, daß das nicht immer alles und bis ins Kleinste völlig richtig war, was der Kollege erklärte. Aber er hatte sicherlich noch niemals Marx gelesen, und so war das schon eine gute Sache, der Durchblick, den er hatte. Außerdem bestätigten diese Geschichten die Kollegen darin, daß ihr Streik richtig war, ohne daß sie dabei überfordert wurden, und dienten so der Kampfmoral.

Über die Betriebsfamilienideologie

Die Unternehmer-Ideologie »Wir sitzen alle in einem Boot« war unter den Kollegen des PWW zwar nie fest verankert gewesen, aber einige machten sich doch Illusionen über das »Verantwortungsbewußtsein« der Herren. Sie glaubten an den »guten Willen« der Unternehmer. Wenn man diesen »guten Willen« nur herausfordern würde, dann würden die Herren schon einlenken und die Lage der Arbeiter verbessern. Doch während des Streiks bekamen diese Kollegen den »guten Willen« von oben dann Tag für Tag zu spüren. Das führte bald dazu, daß auch bei den letzten vom Verantwortungsbewußtsein der Bosse nicht mehr die Rede war. Im Gegenteil: Die Kollegen gingen auf volle Konfrontation mit der anderen Seite. Das zeigt sich auch in ihrem Verhalten den Leuten gegenüber, die am Tor die Flugblätter der Geschäftsleitung verteilten. »Wegwerfen, wegwerfen!«, forderten sie, wenn Kollegen aus anderen Betrieben der Hütte die Handzettel annehmen wollten. Nahmen diese Kollegen die Flugblätter trotzdem an, ging ein lautes Buh- und Pfui-Rufen los, nahmen sie sie aber nicht oder warfen sie sie wieder weg, dann gab es großen Beifall: »Bravo, richtig«, riefen die Kumpels. Auch Gespräche mit den Verteilern selber kamen vor: »Du, Kumpel, bekommst auch nicht so viel Piepen wie die da oben?!« – »Nee, leider nich', schön wär's.« – »Warum verteilst du denn dann diesen Dreck, das ist doch nicht nur gegen uns, das geht doch genauso gegen dich.« – »Was soll ich denn anderes machen? Ich muß doch!« – »So, du mußt? Müßten wir nicht auch arbeiten, wenn's nach denen ginge? Tun wir's deshalb?!« Andere Kollegen ließen sich auf Gespräche mit den Verteilern erst gar nicht ein, sondern ließen sich von ihnen ein Flugblatt geben, zerknüllten es dann demonstrativ und warfen es ihnen vor die Füße. Daß die Verteiler sich in so einer Situation nicht gerade wohl fühlten, in »einem Boot mit den Bossen zu sitzen«, versteht sich von selbst. Die meisten von ihnen verteilten daraufhin auch äußerst lasch.

Über die Mitbestimmung

Was von »unserem« Mitbestimmer im Vorstand, dem Arbeitsdirektor Henne zu halten ist, darüber wußten die Kollegen schon lange vor dem Streik Bescheid. Beim Streik wurde dann nur noch immer klarer, auf wessen Seite Henne mitbestimmt. Aber viele Kollegen glaubten vor dem Streik noch, über die Mitbestimmung könne man ja reden, nur die Person Henne müsse weg. Sie erinnerten sich dabei gerne an frühere Jahre, in denen ein gewisser Hugo Ginkel Arbeitsdirektor war. Ginkel war Kommunist und hatte sich ernsthaft für die Interessen der Arbeiter eingesetzt. Ein Arbeitsdirektor also, zu dem die Kumpels noch mit gutem Gewissen »Kollege« sagen konnten. Anfangs stellten die Arbeiter diesen Ginkel immer Henne gegenüber: »Ja, wenn der noch hier wäre, dann hätten sie unsere Forderungen längst erfüllt.« Nach einiger Zeit aber konnte man die Kumpels reden hören: »Ja, der Ginkel war wirklich in Ordnung, ganz anders als dieser Henne, aber was ist denn aus ihm geworden? Sie haben ihn damals gefeuert, einfach rausgeschmissen, weil er für uns war. Also alles Lüge mit der Mitbestimmung!« Solche Gespräche trugen dazu bei, daß die Mitbestimmungsillusionen später beinahe ganz verflogen. Aber Mannesmann half selber kräftig dabei mit. Die Bosse zeigten selber am deutlichsten, wie ernst sie so die Mitbestimmung nehmen. Bei Umbesetzungen von Kollegen an andere Arbeitsplätze z. B. muß offiziell der Betriebsrat mitbestimmen können. Während des Streiks aber wurden die Streikbrecher, aber auch Leute aus nicht streikenden Nebenbetrieben des PWW, wie Kollegen aus der Walzendreherei, einfach umbesetzt. Der BR wurde weder gefragt noch informiert. Formal also ein klarer Verstoß gegen die Errungenschaften der Mitbestimmung. Die Kollegen lernten, diese Verstöße richtig zu kommentieren: »Solange es den Herren nicht schadet, wenden sie die Gesetze an. Da gibt es auch Mitbestimmung. Wenn sie die Gesetze aber nicht mehr gebrauchen können, dann pfeifen sie auf die Gesetze. So sieht's auch mit der Mitbestimmung aus. In normalen Zeiten nützt sie Mannesmann, aber wenn sie, wie jetzt im Streik, ein Hindernis ist, dann kümmern sie sich den Teufel darum.«

Über die ausländischen Kollegen

Zu den ausländischen Kollegen (die meisten sind Türken) entwickelte sich während des Streiks eine echte Kameradschaft. Das muß hier besonders hervorgehoben werden, denn das ist nicht in allen Fabriken so. Die deutschen Kumpels hatten auch keinen Grund, sie anzufeinden, denn diese Kollegen standen treu zum Streik. (Weil das so war, war es auch nicht notwendig, sie vorher gesondert zu erwähnen. Wir gehörten einfach alle zusammen). Am 6. Streiktag rief ein Pfarrer an: Bei ihm sei ein Türke gewesen und habe ihm erklärt, wenn sie auch nur einen Block aus dem Ofen holten, dann springe er sofort in den Ofen rein. Natürlich setzten die Bosse mit ihren Einschüchterungen gerade bei den Türken an. Ein Beispiel: Türkische Kollegen hielten sich noch im Direktionsgebäude auf, als die meisten anderen schon am Tor waren. Um sie dort rauszubringen, forderte der Direktionsdolmetscher sie auf, wieder an die Arbeit zu gehen. Als die Türken nicht darauf reagierten, drohte der Dolmetscher ihnen, sie müßten alle ins Gefängnis, wenn sie nicht an die Arbeit gingen. Als auch das nichts half, verlangte er die Namen und Kontrollnummern der türkischen Kollegen. Sofort kam einer von ihnen zu den anderen ans Tor und informierte sie darüber. Etwa zehn deutsche Kumpels gingen daraufhin mit ins Direktionsgebäude: »Den Lumpen werden wir's zeigen. Von wegen. Unsere Kumpels einschüchtern.« Aber der Dolmetscher war schon verschwunden, die Türken hatten ihn selber verjagt. Fazit der deutschen Kollegen: »Wenn die Türken nicht so hart gewesen wären, dann wäre einiges anders gekommen. Das vergessen wir ihnen nie. Die da oben hetzen uns nicht mehr gegeneinander.«

Über die Unternehmer

Zwei Kollegen nach dem Streik im Gespräch: »Wenn die Hütte den Arbeitern gehörte, dann wäre das alles gar nicht nötig gewesen. Dann gäbe es auch keinen Steinhauer und keinen Henne!« – »Wir müssen eben zusehen, daß es mal so kommt. Aber das wird viel Kampf kosten, und wir werden wohl nicht das letzte Mal vorn gewesen sein. Und Blut kostet es auch – denn freiwillig gehen die nicht.«

Als die Profilwalzwerker wieder arbeiteten, führten sich die Vorgesetzten, die Meister, Assistenten und Direktoren auf, als wenn nichts gewesen wäre. Sie strahlten beinahe vor Freundlichkeit: »Was vorbei ist, ist vorbei. Wir wollen vergessen!« So biederten sie sich bei den Kumpels an. Aber die Kumpels dachten nicht daran: »Vergessen? Niemals! Wir haben dazugelernt. Mit uns macht ihr nicht mehr, was ihr wollt. Ein Zurück gibt es nicht mehr. Wir Profilwalzwerker sind nicht mehr die Profilwalzwerker aus der Zeit vor dem Streik.«
So ähnlich verliefen auch die anderen Gespräche in den Tagen nach dem Streik. Der gewonnene Kampf blieb Gesprächsthema Nummer 1 unter den Arbeitern. Und während es vor dem Streik noch hieß: »Wir können die Kollegen ja doch nicht unter einen Hut bringen«, waren die Kumpels sich jetzt ihres Erfolges voll bewußt: »Wir haben gezeigt, daß wir stark sind, wenn wir nur zusammenhalten, stärker als alle Stahlbarone zusammen. Wenn die ganze Hütte mitgemacht hätte, was wäre das für eine Macht gewesen.«
Das gewalzte Material der ersten Tage nach dem Streik war mehr Schrott als brauchbar. Es hatte haarfeine Risse. Das war die Folge davon, daß die Stahlblöcke in den Öfen zum Glühen gebracht worden waren, dann aber wieder herausgefahren wurden und abkühlten, ohne bearbeitet zu werden usw. Dieses Material war jedenfalls kaum noch walzbar. Wir guckten uns das grinsend und etwas schadenfroh an: »Die oben haben sich das selber eingebrockt. Sie haben eben nicht mit unserer Härte gerechnet.«
Ja, und dann kam die Strafe für die Streikbrecher. Im Verhandlungsergebnis hatten wir uns zwar verpflichten müssen, nicht gegen sie vorzugehen. Gut. Aber ihnen in die Schnauze hauen, was sie eigentlich verdient hätten, wollten wir sowieso nicht. Jedoch es gab kein Abkommen, das uns verpflichtete, mit ihnen noch ein Wort zu reden. Das sollten sie zu spüren bekommen. Die Streikbrecher waren in der nächsten Zeit Schicht für Schicht allein. Selbst die Meister riskierten nicht, ihnen zu helfen. Diese Isolierung der Streikbrecher ging so weit, daß sich viele von ihnen nicht einmal mehr in die Kaffeebuden hineinwagten. Und die wenigen, die doch rein kamen, mußten sich etwa folgende Gespräche der Kumpels mitanhören: »Ja, ja, vorige Woche waren *wir* noch vorn. Andere dagegen waren in Lierenfeld oder Rath.«[21] Oder: »Ich hab' jetzt meine Frau gefragt, ob ich nicht in Lierenfeld ein paar Überstunden machen soll.« Ein anderer Kollege: »Und, was sagte sie dazu?«

21 Die »arbeitswilligen« Profilwalzwerker wurden mit Bussen in die Mannesmann-Werke nach Lierenfeld und Rath gebracht.

– »Sie meinte, da sollten doch erst mal diejenigen hingehen, die vorige Woche schon mal da waren. Die kennen sich da ja schon aus.«
Und so ging es weiter. Ein Vertrauensmann, der schon am zweiten Streiktag umgefallen war, wurde sofort abgesetzt. Bünk, der noch V-Leute-Vorsitzender war, wagte nicht, dagegen was zu unternehmen. Und als ein Streikbrecher jetzt während der Arbeitszeit Privatarbeiten machte, wurde er von den Kollegen gemeldet. Ein Verhalten, das sonst nie denkbar gewesen wäre. Ein anderer brannte Kupferdrahtreste ab, die Kumpels riefen die Feuerwehr.
Auf die Dauer hält niemand eine solche Isolierung aus. Darum krochen nach einigen Tagen die ersten Streikbrecher zu Kreuze: »Wenn ich das alles geahnt hätte, ich hätte auf der Stelle mitgemacht. Ich schwöre euch, beim nächsten Mal bin ich dabei. Aber versteht doch, ich hatte Angst um meine Familie und ich habe eine Werkswohnung.« Doch die Kollegen blieben unnachgiebig: »Meinst du denn, wir haben gewußt, daß wir siegen werden? Haben wir nicht auch Familie, nicht auch eine Werkswohnung? Glaubst du, *wir* haben nichts riskiert? Nachher ist leicht groß reden, aber als es drauf ankam, wo warst du da? In Lierenfeld! In Rath!«
Mit einigen Betriebsräten, die während des Streiks nicht zu sehen waren oder erst mit großen Sprüchen auftauchten, als wir den Sieg schon ziemlich sicher in der Tasche hatten, lief es ähnlich ab wie mit den Streikbrechern: »Du, halt's Maul. Wo warst du vorige Woche? Da hätten wir dich gebraucht, aber da hat dich hier niemand gesehen. Jetzt bist du auf einmal da und spielst den Kumpel. Verschwinde und laß uns in Ruhe. Wir brauchen dich nicht mehr. Bis jetzt ging's ohne dich. Also wird es auch weiter ohne dich gehn. Wir wissen jedenfalls, wen wir bei den nächsten Wahlen unterstützen. Du bist bestimmt nicht dabei.«
Eine verständliche, aber negative Folge des Streikerfolges war, daß sich bei vielen Kumpels vom PWW so etwas wie ein elitäres Denken und Gehabe den Kollegen der anderen Betriebe gegenüber herausbildete. Zu Recht sagten sie stolz: »Einen 10 Tage langen und dazu noch siegreichen Streik hat vor uns noch niemand auf der Hütte geschafft.« Mit einem Seitenblick auf die anderen Kollegen aber zogen sie eine gefährliche Schlußfolgerung daraus: »Die anderen Betriebe hätten nachziehen müssen, dann wäre Mannesmann schon nach ein paar Tagen zusammengesackt. Wo waren denn die anderen Betriebe, wo war die Eisenbahn, wo waren die Kranführer? Wenn die mal nach vorn gehen, dann aber ohne uns. Sie hatten 10 Tage Zeit, sich das zu überlegen. Das war lange genug.«
Diesen Kumpels, und im Streik waren sie nicht die schlechte-

sten, muß in beharrlicher Überzeugungsarbeit klar gemacht werden, daß ihre Haltung falsch ist. Denn wir müssen fragen: Worin lagen die Ursachen dafür, daß die anderen Betriebe nicht mitmachten? Und es muß klar gemacht werden, daß diese elitäre Haltung, kommt es wieder zu einem Streik, Mannesmann die Möglichkeit gibt, noch einen späten Erfolg zu erzielen.
Nachdem wir die Arbeit wieder aufgenommen hatten, wollte Mannesmann die von uns erkämpfte Nachzahlung noch eine Zeit lang zurückhalten. Sie wollten uns also den Lohnverlust durch die Streikzeit spüren lassen. Doch unsere Drohung, die Brocken wieder hinzuschmeißen, genügte: Wir bekamen die Nachzahlung.

Der Sturz der rechten Vertrauensleute

Unser Streik hat die Kollegen im PWW nicht nur fester zusammengeschlossen und den Kapitalisten eine Niederlage beigebracht, sondern er hat dazu geführt, daß auch mit einigen »Arbeitervertretern«, also in den eigenen Reihen aufgeräumt wurde. Damit machten die Kollegen wahr, was sie den rechten Betriebsräten und Vertrauensleuten schon während des Streiks angekündigt hatten: Die Kollegen wählten sie ab. So wurde Bünk, der eine der Zentralfiguren gegen den Streik gewesen war, als Vorsitzender der Vertrauensleute nicht wiedergewählt. Die überwältigende Mehrheit der Vertrauensleute sprach sich gegen Bünk aus. Der Streik hatte ihm das Genick gebrochen.
Nach seiner Abwahl hockte Bünk aber immer noch auf dem Posten des »Gewerkschaftssachbearbeiters«. Klar, auch das war den meisten Kollegen noch »zuviel Bünk«. Aber auf diesen zwischen der Gewerkschaft und den Unternehmern ausgehandelten Posten hatten die Arbeiter ja keinen Einfluß und darum meinten die meisten, da würde Bünk sich zwar ewig halten, aber da sei er ein König ohne Reich und könne nicht viel Schaden anrichten. Ein paar von den Kumpels konnten sich aber schon damals nicht so recht vorstellen, daß Mannesmann auf Dauer einen Mann durchfüttert, der den Bossen nichts mehr nützt. Darum widersprachen diese Kollegen den anderen und meinten, Bünk würde früher oder später wohl auch vom Posten des gewerkschaftlichen Sachbearbeiters verschwinden.
Diese Kollegen sollten recht behalten: Ein halbes Jahr nach dem Streik waren Bünks Tage bei Mannesmann tatsächlich gezählt. Der Konzern war nicht bereit, diesen Mann ohne Einfluß bei der Stange zu halten. Bünks Büro war eines Tages aufgelöst. Der Posten des Gewerkschaftssachbearbeiters existiert nicht mehr. So hat sich auch hier ein kluges Sprichwort bewahrheitet: Sie lieben den Verrat, aber nicht den Verräter.

So wie Bünk selber erging es auch seinen Leuten, von denen wir vor dem Streik im PWW nicht wenige hatten. Bei den Vertrauensleutewahlen im PWW wurde kein einziger von ihnen wiedergewählt. Die meisten Stimmen fielen an Kollegen, die den Streik im März unterstützt hatten.
Wie sehr Bünk bei den Arbeitern unten durch war, zeigt ein Beispiel: Als er sich im September bei einer V-Leute-Vollversammlung bemerkbar machte, fragte einer der anwesenden Kumpels sofort, ob er überhaupt eingeladen sei. Als die neue V-Leute-Leitung verneinte, kam aus der Versammlung der Antrag, Bünk von der Versammlung auszuschließen. Bünk konnte sich in dieser Situation nur dadurch retten, daß er sich auf sein Recht berief, als Mitglied der IGM-Ortsverwaltung dabei sein zu dürfen. Außerdem drohten die anderen anwesenden IGM-Referenten, ebenfalls auszuziehen, wenn der Antrag durchkäme. Daraufhin zog der Kollege seinen Antrag zurück, aber Bünk konnte in der Versammlung kein Wort sagen. Denn die meisten Vertrauensleute wären dann demonstrativ aufgestanden und gegangen.
Inzwischen weht in den Versammlungen der Arbeiter bei Mannesmann ein scharfer Wind: Die Vertrauensleute fordern mehr Rechte den IGM-Vorständen gegenüber. Sie wollen mehr Einfluß auf das Tarifgeschehen haben und wollen das Recht, Anträge an den Gewerkschaftstag stellen zu können. Die Tarifpolitik wird, wo notwendig, hart und vor allem offen kritisiert.
Unser Sieg lebt weiter!

TEIL II

Unruhe in den Monaten nach dem Streik

Mit dem März-Streik hatten die Profilwalzwerker ihr Selbstvertrauen gestärkt und zu Recht blieb viel Stolz bei ihnen zurück. Aber nicht nur bei ihnen. Anerkennung erhielten die Profilwalzwerker nicht selten auch von Kollegen aus anderen Betrieben. Besonders aus den Betrieben der Hütte, in denen noch nie gestreikt worden war, kam viel Bewunderung. Für manchen Kumpel dort wurde unser Streik beinahe was Legendäres. Voller Achtung übertrieben sie: »Die im PWW lassen sich überhaupt nichts bieten, denn da arbeiten Kollegen, die wissen, was sie wollen.« Oder: »Die PWWler durchschauen jeden Schwindel, die sind so intelligent, daß sie eigentlich gar nicht im Betrieb schuften bräuchten, sondern im Büro arbeiten könnten.« So drücken die Kumpels eben aus, was die Intellektuellen die Trennung von Hand- und Kopfarbeiten nennen. Am meisten aber war zu hören: »Die PWWler haben es uns vorgemacht. Wir müssen es genauso machen!«

Aber »gemacht« wurde erst einmal nichts. Dagegen fehlte es in den Monaten nach dem März-Streik nicht an Schikanen und Versuchen der Unternehmer, die Profilwalzwerker wieder auf das Lohnniveau aus der Zeit vor dem Streik herunterzudrücken. Die Bosse versuchten, sich besonders an den Kollegen zu rächen, die sie für »Rädelsführer« im PWW-Kampf hielten. Das bekannteste Beispiel dafür ist eine offensichtlich von der Pressestelle bei Mannesmann inszenierte Hetzkampagne gegen den Betriebsratsvorsitzenden H. Knapp, bei der verschiedene Zeitungen kräftig mithalfen. Zwar gab es ja das im März abgeschlossene Abkommen, das den Bossen untersagte, nachträglich gegen den Streik vorzugehen, aber sie nahmen im Sommer wohl an, darüber sei inzwischen Gras gewachsen, und einen Zusammenhang zwischen dem Streik und einer erst Monate später einsetzenden Kampagne würde wohl niemand herstellen.

Jedenfalls erschien in der Presse eines Tages ein Artikel darüber, daß ein Betriebsrat und Aufsichtsratmitglied eines großen Hüttenbetriebes im Duisburger Süden in einem Kaufhaus eine Dose Kaviar geklaut haben sollte. Das war anfangs nur eine kleine Notiz, aber der Auftakt zu einer Diffamierungskampagne, wie sie, gemessen an diesem lächerlichen Delikt, wohl selten vorkommt. Jedem war klar: Duisburger Süden? Damit kann nur Mannesmann gemeint sein. Kurz darauf erschienen dann auch die ersten »Leserbriefe«, in denen es klar gesagt wurde: Hier handle es sich um Mannesmann und solche Leute gehörten nicht in den Betriebsrat. Dann passierte lange nichts. Wochen später (!) aber zeigte dann wieder ein »Leserbrief« Interesse an der

Geschichte und »verriet« den Namen: H. Knapp. Wenig später wurde Knapp krank. Da glaubte die Geschäftsleitung, jetzt sei es Zeit, zum Schlag gegen ihn auszuholen. Prompt erschienen in vielen größeren Zeitungen Artikel über den »Fall«: Vor allem der »Bayernkurier« und die »Bildzeitung« beteiligten sich an dieser Kampagne gegen den »wilden Streikführer«, »Kommunisten« und »Maoisten« an der Spitze des Betriebsrates in einem deutschen Unternehmen.

In der Hauptversammlung des Konzerns – welch ein Zufall – jammerten dann die »armen« Aktionäre, was für ein böser Mensch doch dieser Betriebsratsvorsitzende sei. Während sie sich das Geld für die paar Aktien mühsam vom Munde absparten, säße so ein Mann im Aufsichtsrat und bringe sie um ihre Dividende, indem er Streiks organisiere. Das wurde beinahe wörtlich so gesagt und war nicht einmal ironisch gemeint. Aber die Hetze hatte nicht die Wirkung, die die Herren sich von ihr versprochen hatten. Den Kollegen, die ihr auf den Leim gingen, wurde klar gemacht, wer dahinter steht und was damit bezweckt werden sollte: »Die wollen uns Arbeiter doch nur gegeneinander aufbringen!« Die Kampagne blieb schließlich erfolglos. Wir stehen nach wie vor hinter diesem Betriebsrat.

Neben diesen Versuchen, fortschrittliche Kollegen in die Enge zu treiben und mundtot zu machen, stellten die Hüttenbosse allerlei an, um ihre im März erlittene Niederlage wieder wettzumachen: Den Kumpels sollten die erkämpften materiellen Verbesserungen so lange wie möglich vorenthalten werden und sie sollten bei gleichbleibendem Lohn noch mehr ausgepreßt werden. So zog sich die als ein Ergebnis des März-Streiks abgeschlossene Prämienregelung, auf die, wie wir erwartet hatten, inzwischen auch andere Betriebe pochten, in die Länge. Man stellte »komplizierte« rechnerische Tricks an, um einen Teil des 13. Monatsgehalts einzubehalten. Der Betriebsrat erhob allerdings Einspruch dagegen, die Vertrauensleute wurden mobilisiert, und die Kumpels machten deutlich, daß die Hütte sofort stillsteht, wenn auch nur ein Pfennig abgezogen wird. Unruhe machte sich breit. Nicht nur im Profilwalzwerk. Unter diesem Druck waren die Herren schließlich gezwungen, die Angriffe auf das 13. Monatsgehalt wieder aufzugeben. Denn die Stimmung auf der Hütte war auf dem Siedepunkt, und sie spürten genau, daß die Sache mit dem 13. Monatsgehalt ein Streikfunke war, der auf die gesamte Hütte überspringen konnte. Später witzelten die Kumpels darüber und sagten: »Die wollten Kohlenklau spielen, aber wir haben ihnen mit der Schaufel auf die Dreckspfoten gehauen.«

Und dann die verdammte Arbeitshetze. Im Mai wurde ein neuer Großhochofen, der Hochofen A angeblasen. Das hatte zur Folge, daß noch mehr Tonnen gefahren werden mußten. Im

Profilwalzwerk stieg die Tonnenleistung im Vergleich zum Jahresanfang um 33%, und das bei gleichbleibender, z. T. sogar abnehmender Belegschaft. Schon einen Monat vorher, im April, waren zwei neue Anlagen in der Adjustage, dem Kaltbereich in Betrieb genommen worden. Dabei hatte es Umbesetzungen gegeben. Diese Umbesetzungen verbesserten aber keineswegs die Arbeitsbedingungen für die Kumpels, sondern sie wurden teilweise noch schlechter, vor allem bei Regen und Frost, denn die Hallen sind zugig, und nicht wenige Kollegen müssen unter freiem Himmel arbeiten, auch im Winter. Dagegen machte im Sommer eine Hitzewelle die Arbeit zur unerträglichen Qual. Wir forderten eine Hitzezulage. Aber Mannesmann lehnte ab. Stattdessen wurde ein Flugblatt der Bosse am Tor verteilt, in dem sie uns erklärten, wie man sich unter extremen Hitzebedingungen zu verhalten hat. Der Gipfel des Zynismus: Die Meister mußten Vitamin-C an die Kollegen verteilen. Fast alle Meister kamen sich dabei ganz schön dämlich vor.

Im Herbst passierte ein schwerer Unfall. Ein Schweißer, der eine Reparatur ausführen mußte, wurde von einem 3 Tonnen schweren Stab getroffen. Die Ursache war die ungeheure Arbeitshetze. Denn sie waren nicht einmal bereit, die Anlagen kurz stillzustellen, wenn repariert wurde. Daß dieser Kollege mit dem Leben davonkam, war reines Glück. Andere konnten sich, geistesgegenwärtig, nur durch gefährliche Sprünge davor retten, ebenfalls von diesem Stab getroffen zu werden.

Was war in den anderen Fabriken los? Im August kam es zu Streiks in der gesamten Metallindustrie. Zehntausende Metaller bei Krupp, Opel, Ford, Rheinstahl, Thyssen-HOAG und in andern Betrieben legten die Arbeit nieder. Dafür hatten nicht zuletzt wir Profilwalzwerker im März den Weg freigemacht. Die Kollegen bei uns, vor allem die PWWler diskutierten diese Arbeitskämpfe engagiert. Aber diese Streiks gingen fast alle verloren. Bei Ford in Köln gab es sogar Schlägereien zwischen deutschen und türkischen Kollegen, die vom Werkschutz, der Polizei und dem rechten Betriebsrat angestachelt worden waren. Die meisten von uns konnten das nicht fassen: »Woran liegt das? Wie kann es nur zu Prügeleien zwischen den Kumpels kommen?« Die Kollegen begriffen nicht, wieso die Gruppen, die auch beim Streik der Profilwalzwerker mitmischen wollten, die »KPD« und die KPD/ML, nach wie vor Flugblätter verteilten, in denen der Ford-Streik als ein großartiger Erfolg gepriesen wurde. Sie fragten: »Wie kann ein Streik ein Erfolg sein, wenn es unter den Arbeitern zu Schlägereien kommt?! Das ist doch das Schlimmste, was überhaupt passieren kann.« Aber diese Gruppen sehen offenbar überall da Erfolge, wo es irgendwie hoch her geht. Für die wirklichen Probleme der Arbeiter haben sie keinen Blick. Wer von den Kumpels erinnerte sich da nicht an das sektiererische Spektakel, das diese beiden Gruppen im März in Duisburg veranstaltet hatten.

Aber auch bei uns drängten viele Kollegen: »Wir müssen wieder nach vorn!« Denn was im Betrieb die steigende Arbeitshetze war, waren draußen die ständigen Preissteigerungen.

Ende Juni lief der Manteltarifvertrag aus. Alle erwarteten, daß die Nacht-, Sonntags-, Feiertags-, Spätschicht- und Samstagszuschläge erhöht würden. Die Erwartung wurde enttäuscht. Stattdessen vereinbarten die IG Metall und die Unternehmer, den Manteltarifvertrag bis zum Ende des Jahres zu verlängern und den Arbeitern und Angestellten der Stahlindustrie 4 Monate 70 Mark zu zahlen, also insgesamt 280 Mark. Die Unzufriedenheit darüber war groß. Denn die Kollegen, die im Kontischichtrhythmus arbeiten, verloren dadurch gegenüber der ursprünglichen Forderung zum Manteltarifvertrag bis Jahresende etwa 1000 Mark. Aber obwohl wir darüber redeten, wurde aus der Unzufriedenheit kein Streik. Die Streikstimmung erlebte ein andauerndes Auf und Ab.

Bis Oktober. Da lief die Zahlung der 70 Mark aus. Der Unmut wurde größer. Viele Vertrauensleute wurden beauftragt, dem Betriebsrat mitzuteilen, daß die Kumpels jetzt die Weiterzahlung und Tarifierung der 70 Mark forderten. Die 70 Mark sollten Bestandteil des Lohns werden. Sonst gebe es Kampfmaßnahmen.

Der Betriebsrat, der durch die noch andauernde Krankheit des linken Vorsitzenden H. Knapp geschwächt war, trug dem Werksvorstand die Forderungen der Kollegen vor. Der Vorstand aber ließ sich nicht darauf ein und erklärte immer wieder: »Das ist Sache der Tarifparteien.«

Direkt nach der Lohnzahlung Anfang Oktober war die Kampfstimmung unter den Kollegen groß. Wir rechneten jeden Tag damit, daß es los ging. Begünstigt wurde diese Stimmung durch die Nachrichten aus anderen Fabriken der Metallindustrie. So erregte der Streik der Neunkircher Hüttenwerke bei Mannesmann großes Aufsehen. Die Hüttenarbeiter an der Saar erkämpften sich die Weiterzahlung der 70 Mark, und auch bei Krupp wurden sie weitergezahlt. Dort nannten die Bosse das »Lohnkorrektur«.

All das hielt die Kampfbereitschaft bei uns aufrecht. Aber trotzdem passierte nichts. Es blieb bei heftigen Diskussionen. Und allmählich legte sich die Stimmung wieder. Wir hatten zu lange gezögert und den Zeitpunkt für einen Streik verpaßt. Die Kollegen waren zwar nicht völlig mutlos geworden, aber sie waren nicht mehr auf Kampf eingestellt.

Auch Ende Oktober war niemand mehr auf eine Arbeitsniederlegung vorbereitet! Aber dennoch kam es zum Knall! Ein Rätsel?

Teil III

Die Niederlage

29. Oktober. 21.30 Uhr. Tor 1. Die Kollegen der Nachtschicht fahren in die Hütte. Aber es ist heute nicht wie sonst. Am Tor stehen einige Leute und haben Schilder aufgestellt: »Wir fordern Weiterzahlung der 70 Mark!« Zuerst nehmen die Nachtschichtler an, es handle sich um eine Aktion einer politischen Gruppe. Aber dann zeigt sich schnell: Die am Tor sind Kollegen. Sonst wäre auch nicht Direktor Gundulach da. Außerdem sind die Direktionsetage in der Verwaltung und das Gebäude des Betriebsrates hell erleuchtet.
Die Nachtschichtler informieren sich im Betriebsratsgebäude, was los ist: »Die Eisenbahner haben die Arbeit niedergelegt.« »Was sollen wir tun?«, fragen die Kollegen die durch das anhaltende Fehlen von H. Knapp immer noch geschwächten Betriebsräte. »Sollen *wir* euch das sagen? Uns sind die Hände gebunden. Ihr müßt selber wissen, was ihr tut.«
Diskussion im PWW. Die Kumpels stehen in kleinen Gruppen herum und überlegen, was zu machen ist: »Die Eisenbahner streiken. Können wir sie vorn alleine lassen?«
»Nein!« Im Kaltbereich wird kurz danach die Arbeit niedergelegt. Der Betriebsrat ist von den Vertrauensleuten informiert worden. Auch die Kollegen der Qualitätsstelle und der Stoffwirtschaft machen mit. Es scheint gut anzulaufen.
Da eine gemeinsame Informationsversammlung des PWW nicht genehmigt wird, treffen sich die Kollegen in der Adjustage. Noch laufen die Walzen, aber die Warmbetten sind bereits voll, da der Kaltbereich das Material nicht mehr abnimmt. Auf der Versammlung werden sich die Kumpels des Kaltbereiches über ihren nächsten Schritt schnell einig: Die Arbeit bleibt liegen! Streik!
Aber allen ist klar, daß der Kaltbereich als einzige Gruppe des PWW nicht streiken kann. Der Warmbereich muß mitziehen. Aber dessen Versammlung hat noch nicht stattgefunden. Was machen? Während der Verständigung vorhin konnte niemand offen reden, denn da war ein Assistent mit dabei. Und jetzt stehen draußen die Direktoren und bekommen jedes Wort mit. Also verständigen sich die Kollegen durch Fingerzeichen.
Schließlich kommt Walzwerkdirektor Dicke zu den Arbeitern: »Meine Herren, die Information ist beendet, gehen Sie an die Arbeit!«, schnarrt er. Alle bleiben sitzen. Keiner sagt etwas. Dicke wiederholt: »Gehen Sie an die Arbeit!« Das gleiche Bild. Nichts passiert. Wortlos bleibt Dicke noch einige Minuten vor den Arbeitern stehen. Er glaubt offenbar, seine Anwesenheit

allein würde die Kollegen schon einschüchtern. Im Raum herrscht völlige Ruhe, nur die Geräusche des Siemens-Martin-Stahlwerkes hört man im Hintergrund. Dr. Dicke ist wohl der Falscheste, den Mannesmann zu den Walzwerkern schicken konnte. Dicke stammt aus der DDR. Dort war er wohl nicht mehr in Mode. Er ist ein Boß von altem Schrot und Korn. Bei allen Arbeitern unbeliebt. »Dicke ist ein Arbeiterhasser«, sagen die Kollegen. Während andere Walzwerksdirektoren und Betriebschefs des PWW mit der modernen Betriebspsychologie im Kopf durch die Hallen gehen und gemäß den Richtlinien für erfolgreiche Führungskräfte so tun, als ob die Arbeiter für sie Menschen seien, verhält Dicke sich viel schroffer. Zwar ist den Arbeitern klar, daß die anderen Bosse nur eine Schau abziehen mit ihrem Getue: Händeschütteln, Schulterklopfen und ein freundliches Schwätzchen über Fußball und Familie kostet Mannesmann ja nichts. Aber trotzdem: Dicke benimmt sich ihnen gegenüber immer offen arrogant und ist deshalb verhaßt, verhaßter als die anderen Bosse.
Erst als Dicke wieder verschwindet, beraten die Kollegen und bekräftigen nochmal: »wir können alleine nicht streiken. Wir müssen mit dem Warmbereich zusammenkommen.« Also ziehen sie los dorthin. Die Kumpels vom Warmbereich halten gerade ihre Versammlung ab, als sie dort ankommen. Die Kaffeebude der 800er Säge ist gerammelt voll. Die Verständigung klappt. Nach Beendigung der Versammlung bilden die Kollegen einen Zug und setzen sich vor den Augen der wartenden Bosse zum Tor 1 in Bewegung. Die Kumpels haben ihre Hemmungen überwunden, die Angst ist weg. Die Arbeiter marschieren.
Vorn am Tor fallen die Eisenbahner den Walzwerkern um den Hals. Alle sind jetzt zuversichtlich.
Im Laufe der Nacht lassen sich von den Bossen nur der stellvertretende Personalchef und ein Assistent am Tor sehen. Ansonsten vergeht die Nacht ruhig. Morgens bei Schichtwechsel verteilt der Werkschutz dann die ersten Flugblätter der Geschäftsleitung: Die Arbeiter sollen doch die ein paar Tage später stattfindenden Tarifgespräche abwarten. Eine auffallende Zurückhaltung der Herren in dieser Situation.
Zur gleichen Zeit, um 6 Uhr, treffen sich die Vertrauensleute. W. Brandt, der zweite Vorsitzende des Betriebsrates, spricht anstelle von H. Knapp zu ihnen und schlägt vor, das Treffen gleich wieder abzubrechen, da anzunehmen sei, daß die Hütte heute zum Stillstand kommt. Die Vertrauensleute sollen ihre Kollegen über die Situation am Tor aufklären. Brandts Vorschlag wird mit großer Mehrheit angenommen. Auch Bulitz, der 1. Bevollmächtigte der IGM in Duisburg, der noch im März gegen den Streik der Profilwalzwerker agiert hatte, stimmt zu.

Die Kollegen der Frühschicht, die um 6 Uhr ins Werk kommen, lassen die streikenden Nachtschichtler nicht im Stich: Im PWW, bei der Eisenbahn und im KFZ-Betrieb übernehmen die Frühschichtler den Streik ihrer Kumpels. In den nächsten vier Stunden schließen sich ihnen sogar noch Arbeiter des E-Stahlwerkes, der Hauptwerkstatt und des Blasstahlwerkes II an.
Gegen 10 Uhr werden zum zweiten Mal Flugblätter der Geschäftsleitung verteilt. Diesmal sind sie weniger zurückhaltend, sondern gehen zur offenen Drohung über: Die Mannesmann-Herren fordern uns auf, die Arbeit bis 11 Uhr morgens wieder aufzunehmen. Wer nach 11 Uhr noch im Streik ist, werde fristlos entlassen.
Aber die Kollegen draußen gehen nicht an ihre Arbeitsplätze zurück. Sie hoffen noch auf weitere Unterstützung aus anderen Betrieben. Nach 11 Uhr dann das dritte Flugblatt: Es seien bereits Listen über die Arbeiter angefertigt worden, die entlassen werden.
Die Kollegen bleiben am Tor. Aber auf die wichtigsten Betriebe warten sie vergeblich: Der Hochofen, das Siemens- Martin-Stahlwerk und das strategisch zentrale Blasstahlwerk I streiken nicht mit. »Verdammt, es geht doch auch um deren Groschen«, ärgern sich die Streikenden. Langsam macht sich Resignation breit. Die ersten Kumpels geben auf.
Nach Schichtwechsel um 14 Uhr ist die Lage noch schlechter. Nicht alle Kollegen der Mittagschicht setzen den Streik ihrer Kumpels fort. Jetzt stehen nur noch die Eisenbahn, der KFZ-Betrieb und der Kaltbereich vom PWW am Tor. Die Mutlosigkeit wächst. Stehen sie da umsonst? Ist der Streik schon verloren? Inzwischen erfahren die Kumpels auch noch, daß die Bosse nicht geblufft haben: Die erste Entlassungsliste liegt bereits dem Betriebsrat vor.
Spätestens zu diesem Zeitpunkt wäre es, um das Allerschlimmste zu verhindern, notwendig gewesen, diesen wackeligen und mittlerweile aussichtslosen Streik abzubrechen, davor jedoch noch die Forderung aufzustellen, daß die Entlassungsliste im Papierkorb verschwindet. Aber niemand findet den Mut dazu. Nun stehen die Kollegen einmal am Tor, und da traut sich keiner so recht, einfach mit allem aufzuhören.
Also versuchen sie, das Beste aus dieser beschissenen Situation zu machen: Vor dem Betriebsratsgebäude unterhalten sich ein PWWler und ein Eisenbahner. Sie streiten sich über den Streik und versuchen eine Lösung zu finden. Der Kumpel vom PWW ereifert sich:
»Wieso habt ihr von der Eisenbahn gestern losgelegt? Ohne Vorbereitung, ohne jede Absprache. Wenigstens unter einigen V-Leuten hätte man sich doch überlegen müssen, ob so eine Sache sinnvoll ist oder nicht. Aber keiner hat Bescheid gewußt.

Und jetzt haben wir den Salat. Die Hütte hat nicht mitgezogen. Wie konntet ihr nur so voreilig handeln?«
»Wieso, wir dachten eben, daß die Hütte mitzieht. Es geht doch auch um die Interessen der anderen Kollegen.«
»Ihr dachtet. Aber wie du nun sehen kannst, hat die Hütte nicht mitgezogen. Wir sind in einen Streik hineingestolpert, der völlig unorganisiert war und jetzt keine Richtung mehr kriegen kann. Wie kommen wir nur wieder raus hier. Inzwischen liegen schon Listen über 98 Kumpels aus, die rausfliegen sollen. Wir befinden uns in Teufels Küche. Und ihr glaubtet, die Hütte kommt nach. Wo sind sie denn, die Kollegen? Wo sind die Stahlwerke. An der Maloche!«
»Ja, aber es lief doch ganz gut an. In der Nachtschicht kamt ihr vom PWW dazu, und heute früh die Hauptwerkstatt. Es hätte doch hinhauen können. Sollten wir uns denn das Geld so einfach wegnehmen lassen?«
»Natürlich nicht, aber es ist doch eine alte Weisheit der Arbeiterbewegung, daß eine völlig führungslose und unkoordinierte Spontaneität einem gut organisierten Gegner gegenüber in die Niederlage führt. Und im übrigen sind wir PWWler deshalb ans Tor gekommen, weil wir es nicht zulassen wollten, daß ihr ganz allein vorn bleibt. Ob das richtig oder falsch war, danach haben wir erst mal nicht gefragt. Denn es kam auf die Solidarität an und wir PWWler sind keine Streikbrecher!«
»In Ordnung, aber was machen wir jetzt?«
»Ich finde, der Streik muß abgebrochen werden. Wir müssen die Forderung nach Rücknahme der Entlassungsliste stellen und brechen ab, wenn die Forderung erfüllt ist. Wenn ein guter Feldherr eine Schlacht verloren hat, dann zieht er seine Truppen zurück, igelt sich ein, schöpft neue Kräfte, versucht den Feind durch Störmanöver zu verunsichern und greift mit frischer Kraft erneut an, wenn die Bedingungen günstiger sind. So müssen wir das auch machen.«
»Sag mal, Feldherr, willst du dich etwa hinstellen und deinen PWWlern sagen, sie sollten abbrechen? Die hauen dir doch einen in die Schnauze.«
Der Kollege überlegt. Das ist richtig. Das kann er von seinen Kumpels tatsächlich nicht verlangen: »Aber, verdammt noch mal, es muß doch etwas geschehen. Entweder die Hütte zieht nach, und von alleine tut sie das nicht, oder wir müssen abbrechen.«
»Vielleicht hilft ein Marsch durchs Werk. Vielleicht weckt das die Kumpels auf. Sonst seh' ich keine Möglichkeit mehr. Hilft aber auch das nicht, dann müssen wir wirklich abbrechen.«
»Gut«, stimmt der PWWler zu, »versuchen wir es!«
Tatsächlich formiert sich wenig später ein Marsch durch's Werk. Aber schon unterwegs läßt so manch einer den Marsch

einen Marsch sein und verdrückt sich heimlich. So kommt nur ein Rest von 70 Arbeitern am E-Stahlwerk an. Dort werden sie schon von einem Assistenten in Empfang genommen: »Meine Herren, Sie dürfen die Halle nicht betreten. Sie haben keine Helme auf.« Die Kollegen bleiben im Eingang stehen.
Als von den 70 dann immer weniger übrig bleiben, sind die meisten wie gelähmt. Schließlich brechen sie den Marsch ganz ab.
Kurz darauf verteilt ein Assistent des KFZ-Betriebes Handzettel an die KFZ-Kollegen: Aufforderung zum Notdienst. Da die Zettel vom stellvertretenden BR-Vorsitzenden unterschrieben sind, leisten die meisten der Aufforderung Folge. Erstaunlich ist nur, daß sie zu einem Zeitpunkt verteilt werden, in dem kein Mitglied des Betriebsrates dabei sein kann, denn genau zur selben Zeit läuft gerade die Betriebsratssitzung. Einige Kollegen wollen einfach nicht glauben, daß Willi Brandt, der amtierende BR-Vorsitzende, die Zettel mitunterschrieben hat, obwohl sie es da schwarz auf weiß lesen können.
»Mensch, hol' Herbert Dräger aus der Sitzung«, bittet aufgeregt ein PWWler einen Kumpel von der Eisenbahn. Dräger ist der zuständige Betriebsrat für die Eisenbahn und den KFZ-Bereich. Als Dräger da ist, zeigen ihm die Kollegen die von Brandt mitunterschriebene Aufforderung zum Notdienst. Sprachlos starrt er auf den Zettel: »Ist Brandt denn total verrückt geworden!« Mehr bringt er nicht heraus. Bald kommt auch Brandt selber. Und da stellt sich heraus, daß er den Handzettel blanco unterschrieben hat. Dabei war er davon ausgegangen, daß die Herren sich an die gesetzlichen Vorschriften der Mitbestimmung im Montanbereich halten würden, wonach der BR bei Streiks über die Anzahl der zur Notbesatzung bestellten Kollegen mitentscheiden können muß. Der Werksvorstand hatte sich aber nicht daran gehalten und Arbeiter zum Notdienst eingeteilt, von denen er nichts wußte, die er aber blanco abgezeichnet hatte.
»Verdammt«, sagt ihm jetzt jemand, »wie konntest du das nur unterschreiben. Du mußtest dir doch denken, daß die da oben jede Gelegenheit nützen, um uns reinzulegen.«
Der Erfolg der Unternehmer ist groß: Sie haben Brandt um sein verbrieftes Recht betrogen und die meisten Kollegen dadurch wieder an die Arbeit gebracht.
Als sie wenig später dasselbe bei der Eisenbahn versuchen, lehnen die Eisenbahner die Annahme des Handzettels ab. Sie sind inzwischen informiert. Aber den Streik kann das nicht mehr aufrecht halten.
Die nächste Nachtschicht im PWW arbeitet wieder voll. So befinden sich am 30. Oktober abends nur noch die Eisenbahn und der KFZ-Betrieb im Streik. Denn nachdem die KFZ-Kollegen

von dem Notdienst-Betrug erfahren hatten, war ihre Nachtschicht wieder vollzählig am Tor. Aber die Stimmung ist miserabel. Und während oben in der Direktionsetage der BR und der Werksvorstand über eine wirklich von beiden Seiten beschlossene Notbesatzung verhandeln, wird der Betrug vom Nachmittag wiederholt. Wieder gibt es Notdienstzettel. Diesmal für die Eisenbahner. Wieder werden die Betriebsräte von einigen Kumpels informiert und aus der Verhandlung geholt.
Doch als sie unten sind, ist schon fast ein Viertel der Eisenbahner wieder an der Arbeit und verrichtet »Notdienst«.
In dieser Situation erkennen auch die optimistischsten Kollegen, daß eine Fortsetzung des Streiks sinnlos und selbstmörderisch ist. Es wäre ein Kampf ohne jede Aussicht auf Erfolg. Darum beschließen die Arbeiter, den Streik endlich abzubrechen. Es ist aus. Nicht einmal mehr Wut bringen die Kumpels auf. Die meisten sind eher enttäuscht und traurig. So wie der Streik begann, so geht er jetzt zu Ende, ohne große Verständigung und Absprache.
Am nächsten Morgen läuft die erste Schicht nach dem Streik ab. Wenn die Kumpels miteinander reden, haben sie nur ein Gesprächsthema, die Entlassungen. Inzwischen gibt es Listen über 121 Arbeiter, die sie fristlos rausschmeißen wollen. Und sie machen kurzen Prozeß: Alle Betroffenen werden an ihren Arbeitsplätzen von den Vorgesetzten nach Hause geschickt. Und es heißt, eine weitere Liste sei in Vorbereitung, auf der auch Mitglieder des Betriebsrates stünden. Aber schon bald stellt sich heraus, daß sieben der 121 wegen des Streiks Entlassenen während der Streiktage gar nicht im Betrieb waren. Also müssen sie von der Liste gestrichen werden. Für die verbleibenden 114 Arbeiter will die IGM Rechtsschutz übernehmen.
Im PWW hat Mannesmann gründlich aufgeräumt. Dort war den Herren die Sägebesatzung Schicht 2 schon lange ein Dorn im Auge. Eine späte Rache für den März-Kampf, denn damals war diese Schicht ein Rückgrat des Streiks. Nicht umsonst nennen einige Kumpels die Sägebesatzung scherzhaft VEB Säge, also Volkseigener Betrieb. Denn hier arbeiteten immer die meisten der politisch engagierten Kollegen. Wenn ihnen was nicht paßte, haben sie den Mund aufgemacht. Gegen die Arbeitshetze, sie mußten z. B. zeitweise mit Unterbesatzung fahren und konnten nicht mal ihre Kaffeepause machen, haben sie sich ständig gewehrt. Nun stehen diese Kumpels ganz oben auf der Entlassungsliste.
Am 5. November ist Vertrauensleuteversammlung, bei der auch die Gewerkschaft durch den Rechtsanwalt des IGM- Hauptvorstandes, Kurt Thon, und durch Reinhard Bulitz vertreten ist. Presse-, Funk- und Fernsehleute sind da. Der Betriebsratsvorsitzende dagegen fehlt immer noch.

Auf dieser Versammlung sprechen sich alle Redner für aktive Solidarität mit den Entlassenen aus. Reinhard Bulitz, im März noch auf der Seite der Abwiegler, hat hier seine große Stunde. Er hält eine Rede, die bei den Kumpels guten Anklang findet. Noch nie war Bulitz so gut wie jetzt. Die meisten kommentieren: »Er hat einen Rüffel aus Frankfurt[22] bekommen.« Oder: »Er will die Scharte vom März auswetzen.« Ganz gleich: Bulitz' Rede ist in Ordnung und wirkt mobilisierend. Die Stimmung, die er damit erzeugt, muß im Kampf gegen die Entlassungen ausgenutzt werden.

Die Versammlung formuliert drei Anträge:

1. Die IG Metall soll aufgefordert werden zu überprüfen, ob Arbeitsdirektor Henne abgelöst werden kann.
2. Der Mannesmann-Vorstand soll aufgefordert werden, alle 114 Entlassungen zurückzunehmen.
3. Alle Betriebsräte und Vertrauensleute der Metallindustrie sollen sich mit den 114 Mannesmann-Arbeitern solidarisieren.

Das mit der Solidarität aus anderen Fabriken sieht später unterschiedlich aus. Ein negatives Beispiel dafür ist der Betriebsrat von Thyssen-Niederrhein. Als dort einer der linken Leute die Anregung aufgreift und um eine Solidaritätsadresse bittet, lehnt die Mehrheit der rechten Sozialdemokraten im Betriebsrat mit der Begründung ab, die Mannesmann- Kollegen hätten sich ja noch nicht ausdrücklich, also quasi offiziell um die Solidarität des Thyssen-Betriebsrates bemüht. Und das, obwohl beide Betriebe, Mannesmann und Thyssen, in Duisburg sind und nur wenige Kilometer voneinander entfernt liegen. »Wir sind doch keine Bettler«, reagiert bei uns ein Betriebsrat auf diese fadenscheinige Absage.

Am Mittwoch, dem 7. November, ist Betriebsversammlung. Jetzt ist auch H. Knapp wieder da. In diese Versammlung setzen besonders wir Profilwalzwerker unsere Hoffnungen. Jetzt kommt es drauf an: Wenn nach der Versammlung alle Arbeiter zum Tor gehen, dann steht die Hütte still. Dann haben wir wieder Streik, aber einen gut organisierten und einen, der allen Kumpels einsichtig ist. Inzwischen haben die Bosse die letzte Korrektur der Entlassungslisten vorgenommen: Die Liste ist auf 22 Arbeiter reduziert worden. Unter ihnen ist auch ein Mitglied der Leitung des Vertrauenskörpers der IG Metall. Die anderen sind wieder beschäftigt. Aber die 22 sind das letzte Wort der Herren. Sicherlich, das ist schon ein gewisser Erfolg. Sie haben nicht gewagt, gleich 114 Kollegen auf die Straße zu setzen. Aber 22 fristlos entlassene Arbeiter sind immer noch genau 22 zuviel.

Die Versammlungshalle ist überfüllt. Viele sind gar nicht mehr

22 Sitz des Hauptvorstandes der IG Metall.

reingekommen und drängen sich draußen. Die Reden werden mit Lautsprechern nach draußen übertragen. Auch heute sprechen sich alle Redner für bedingungslose Solidarität aus. Ein Redner wechselt den andern ab. Und immer wieder rufen sie den Kollegen zu: Solidarität, Solidarität. Wir müssen für die Entlassenen eintreten.
Aber wie? Eigentlich müßte es jetzt jedem klar sein, daß es nun tatsächlich darauf ankommt, die Hütte still zu setzen. Zwar können die Betriebsräte das nicht wörtlich und offen so fordern. Aber wer richtig hinhört, merkt, daß auch sie dafür sind. Zwar stellt sich ein KPD/MLer hin und sagt es dann doch im Klartext: »Streik.« Aber er vergibt sich die Chance, von den Kumpels ernst genommen zu werden, schon dadurch, daß er die Forderung in einem gleichzeitigen Wust von pauschalen antigewerkschaftlichen Beschimpfungen erhebt.
Worauf es ankommt, müßte also inzwischen jeder kapiert haben. Und tatsächlich: Als die Versammlung um 14.30 Uhr beendet ist, gehen die Kollegen der »Freischicht« ans Tor. Immerhin! Jetzt brauchten die andern nur hinterherzugehen. Dann wäre es soweit ...
Aber es geschieht nicht: Jeder wartet auf den anderen und tut schließlich nichts. Langsam gehen immer mehr Kumpels ins Werk zurück. Die Resignation des verlorenen Streiks sitzt ihnen noch zu tief in den Knochen. Nun haben wir die Schlacht endgültig verloren. Die Niederlage ist besiegelt.
Im Betrieb können wir den erstaunten Gesichtern der Bosse ablesen, daß selbst sie in dieser Situation mit Streik gerechnet haben. Aber sie können sich die Hände reiben. Es ist aus!
In den nächsten Tagen wächst der Terror auf der Hütte beinahe bis ins Uferlose. Ein Zeichen der wiedergewonnenen Stärke der Kapitalisten. Vertrauensleute werden in ihrer Arbeit behindert, politisch »aufgefallene« Kollegen werden bespitzelt, und die Arbeitshetze nimmt noch nicht dagewesene Ausmaße an. Symbol für diese Unterdrückung ist ein V-Mann aus dem Profilwalzwerk, der unter dauernde Beobachtung gestellt wurde und sich deshalb eine Kette ums Bein legt und sich damit an seinen Arbeitsplatz fesselt: »Wenn ich schon an die Kette gelegt werde, dann soll es auch jeder sehen.« Und: »Was müssen die Herren doch eine Angst vor uns Arbeitern haben, daß sie zu solchen Methoden greifen.« Ein makabrer und isolierter Widerstand.
Am Samstag, dem 10. November, wird in Hüttenheim demonstriert. Über zehntausend Menschen kommen zusammen. Unter ihnen sind viele Arbeiter der Hütte und Rentner, die früher einmal dort gearbeitet haben. Die anderen Demonstranten kommen aus vielen Teilen der Bundesrepublik, die meisten aus dem Ruhrgebiet. Die Demonstration wird zur machtvoll-

sten Anklage gegen die Unternehmerherrschaft, die Duisburg seit langem miterlebt hat.
Aber was nützt es. Diesmal haben wir die Schlacht verloren. Aber der Krieg wird weitergehen: Der Krieg zwischen Kapital und Arbeit. Dieser Krieg wird Opfer kosten, und wir Arbeiter werden noch weitere Niederlagen hinnehmen müssen. Denn noch ist die Arbeiterklasse unorganisiert und kämpft von Fall zu Fall. Doch die Niederlagen dürfen uns nicht entmutigen. Wie sagte doch ein Kollege aus dem Profilwalzwerk: »Einigeln, neue Kräfte schöpfen und mit frischer Kraft erneut angreifen!«

Eine Provokation?

Nicht jede Niederlage sieht genau wie die andere aus. Nicht jeder verlorene Kampf geht auf die gleiche Weise verloren. Darum kann auch niemand den Zusammenbruch des Oktober-Streiks nach einem fertigen Muster erklären. Alle Deutungen wie Verrat, geschwächter Betriebsrat, angeschlagene Kampfentschlossenheit der Arbeiter, unklare Streikforderung usw. greifen zu kurz.
Auch ich habe nicht *die* Erklärung für die Niederlage parat. Ich kann also nur Vermutungen anstellen. Aber ich weiß, daß nicht wenige meiner Kollegen diese Vermutungen teilen, denn sie erklären den Oktober noch am überzeugendsten. Diese Vermutungen hängen auch nicht völlig in der Luft, sondern sie bauen auf einer Tatsache auf, die keiner bestreiten kann: Der Streik begann am 29. Oktober total unkoordiniert. Niemand außer den Eisenbahnern selber, die am Tor standen, hat vorher davon gewußt. Kein einziger Vertrauensmann, kein einziger Betriebsrat. Nicht einmal die Betriebsräte der Eisenbahn selber. Alle wurden vom Streik überrascht.
Die Kollegen legten also plötzlich die Arbeit nieder. Zu plötzlich. Und die Kumpels der anderen Betriebe zogen ja nicht deshalb nach, weil sie von der Richtigkeit des Streiks völlig überzeugt waren, denn darüber lange nachzudenken hatten sie gar keine Zeit, sondern weil sie die Eisenbahner nicht alleine lassen und Solidarität zeigen wollten.
Wie konnte das alles also passieren? War der Streik etwa eine Provokation? Haben die Bosse selber daran gedreht? Grund dazu hatten sie genug: Das seit dem erfolgreichen Kampf der Profilwalzwerker gestärkte Selbstvertrauen der Kollegen konnte durch nichts besser als durch die ernüchternde und niederschmetternde Erfahrung eines verlorenen Streiks wieder abgebaut werden.
Neben der Tatsache, daß wir in diesen Streik hineingestolpert sind, fällt immerhin noch auf, daß er zu einem Zeitpunkt

ausbrach, als der linke und bei den Kollegen einflußreiche BR-Vorsitzende noch krank war und nachdem die Hoesch-Arbeiter kurz vorher erfolglos gekämpft hatten und damit ausgeschlossen war, daß sich den Mannesmann-Kollegen ein Teil der Branche anschließen würde.
Das alleine sagt noch nicht viel, wenn nicht mehr dazu käme, was stutzig machen muß. So kann man natürlich einen Streik nicht zu jeder beliebigen Zeit und ohne, daß irgendein Anlaß da ist, provozieren. Aber nicht nur der Zeitpunkt war günstig, sondern auch der Anlaß war da, die anstehende Weiterzahlung der 70 Mark.
Weiter ist auffällig, daß die Entlassungslisten sehr schnell, eigentlich viel zu schnell fertig waren. Und seltsamerweise standen auf diesen Listen Leute, die gar nicht am Streik beteiligt waren, aber die in der Vergangenheit durch konsequentes Eintreten für die Interessen der Kollegen »aufgefallen« waren. Es läßt sich also denken, daß die Listen vorbereitet (!) waren und diese Arbeiter deshalb drauf standen, weil die oben eigentlich annehmen konnten, daß sie im Streik bestimmt dabei sein würden. Jedenfalls spricht mehr für die vorbereiteten Listen als für die nachträglich angefertigten. Denn in einem doch sehr unübersichtlichen Großbetrieb wie Mannesmann kann man nicht jeden Streikenden in so kurzer Zeit genau registrieren. Aber die erste Liste mit den 98 Entlassungen war bereits am nächsten Nachmittag, am Dienstag, dem 30. Oktober fertig.
Verwundern muß schließlich die Haltung der Gewerkschaftsführung. Obwohl der Streik mit seiner Forderung nach Tarifierung der 70 Mark gegen den bestehenden Tarifvertrag gerichtet war, stand die IGM dem Streik ihren Verlautbarungen nach wohlwollend gegenüber. Ganz im Gegensatz zu ihrer Haltung im März, obwohl damals nicht gegen einen laufenden Tarifvertrag gekämpft wurde. Wieso aber unterstützt die Gewerkschaft einen Arbeitskampf, der in ihre eigene Tarifhoheit eingreift? Etwa, weil auch sie von vornherein weiß, daß dieser Kampf verloren geht? Auch der IGM mußte daran gelegen sein, die selbstbewußten und kritischen Mannesmann-Arbeiter zur Räson zu bringen. Denn diese Kollegen sparten auch dem Gewerkschaftsapparat gegenüber nicht mehr mit ihrer Kritik, und die IGM-Führer jammerten schon lange über die »überhöhten« Forderungen des Vertrauenskörpers der Hütte. Auf jeden Fall kam die Gewerkschaftsführung gestärkt aus dem Streik heraus. Und seitdem haben die IGM-Vertreter überall dort, wo Mannesmann-Kollegen ihre kritischen, auch gewerkschaftskritischen Standpunkte vorbringen, ein scheinbar entwaffnendes Argument dagegen zur Hand: »Wenn ihr schon von der Gewerkschaft nicht organisierte Streiks durchführt, dann aber wenigstens so, daß keiner von den Kollegen dabei

auf der Strecke bleibt. Also nicht wieder wie bei euch, wo es anschließend Haufen von Arbeitslosen gibt.« Wenn dieses Argument aber böswillig vorgebracht wird, besteht die Gefahr, daß die Kollegen in anderen Fabriken glauben, wir bei Mannesmann seien wilde und unüberlegte Abenteurer. Dagegen müssen wir uns wehren, denn das ist Quatsch. (Darum hat auch dieses Kapitel seinen Sinn.)

Diese Überlegungen sollen nicht der Behauptung dienen, die IGM-Führung hätte den verlorenen Streik hintenrum mitangestachelt. Es ist absurd, das anzunehmen. Dagegen spricht schon der solidarische Einsatz von Reinhard Bulitz. Aber es ist überhaupt nicht ausgeschlossen, daß die Unternehmer die Rolle der Gewerkschaft: »Wiedererlangung ihrer Autorität gegenüber kritischen Kollegen durch einen zusammengebrochenen Streik« miteinkalkuliert haben.

Daß die Hüttenbosse am Oktober-Streik gedreht haben, liegt, wenn wir alle diese Überlegungen zusammenzählen, zumindest sehr nahe. *Wie* sie das im Einzelnen gemacht haben, wird dagegen wohl nie richtig ans Licht kommen.

Anders als Krupp-Rheinhausen und Thyssen ist Mannesmann in Duisburg eine kampfstarke Hütte. Im März hatten die Profilwalzwerker das den Bossen noch einmal deutlich bewiesen. Seitdem haben die Herren kaum etwas unterlassen, um das durch den März-Erfolg weiter gewachsene Selbstvertrauen der Arbeiter wieder zu zermürben. Mit der Oktober- Niederlage haben sie es dann teilweise geschafft. Und genau in diesem Punkt besteht der Zusammenhang zwischen dem März- und dem Oktober-Kampf. Wir Arbeiter werden daraus lernen müssen.

Das letzte Wort auf der Hütte ist noch lange nicht gesprochen. Sie werden es nicht haben. Der Triumph der Kapitalisten ist vergänglich. Das letzte Wort werden wir Arbeiter haben. Wir müssen es haben! Es lohnt, sich den Namen »Mannesmann« zu merken. Bis sich die Kumpels bald wieder verständigen:
»Wir gehen nach vorn!«

Teil IV

Der Prozeß

Die Konzernherren haben die Entlassungen nicht zurückgenommen. Während ihre Profite weiter steigen, leben die entlassenen Kollegen seitdem von der Arbeitslosenunterstützung. Verglichen mit ihren alten Schichtlöhnen bringt diese Unterstützung ihnen und ihren Familien monatlich 400 bis 650 Mark weniger ein. Das kann keine Arbeiterfamilie lange verkraften. Darum war es gut, daß ein Solidaritätskonto eingerichtet wurde, auf das bis Januar 1974 etwa 18 000 Mark eingingen. Der enorme Lohnverlust der entlassenen Arbeiter konnte durch diese Spenden wenigstens in den Monaten November und Dezember einigermaßen ausgeglichen werden.
Die Kontonummer bleibt weiterhin wirksam und lautet: Michael Höhn Stadtsparkasse Duisburg, Zweigstelle Bruckhausen, 210-002275.
Am 14. Januar 1974 ist der erste Termin vor dem Arbeitsgericht in Duisburg. Den Arbeitern blieb nichts anderes übrig als der Weg dorthin. Die ersten 6 der 22 Kollegen klagen gegen Mannesmann.
Die folgenden Gespräche darüber und die Urteilsverkündung sind auszugsweise dem Fernsehmanuskript der Sendereihe »Vor Ort« entnommen, die der Westdeutsche Rundfunk (ARD) in seinem 1. Programm am 27. Februar 74 um 22.50 Uhr begonnen hat. Was folgt, ist das Dokument eines Falles ganz unverhohlener und offener Klassenjustiz, der keines weiteren Kommentars mehr bedarf.

Verhandlungspause

Vor dem Gerichtssaal.
Reporter: Sie sagten gerade, es würde zu einer Vertagung kommen. Können Sie das erklären?
Frau: Ja, natürlich, der Vertreter von Mannesmann war ja gar nicht informiert.
Arbeiter: Wann wird der denn informiert sein?
Frau: Das kann doch nicht gut sein, daß das Gericht sich zurückzog und sagte: Wir ziehen uns zu einer Beratung zurück. Die gingen einfach ...
Arbeiter: Vielleicht haben Sie das nicht richtig gehört?
Frau: Doch, ich saß ja ganz vorne.
Arbeiter: Das war doch in dem Gütetermin, im letzten Termin?

Frau: Nein, das war gerade im Moment.
Reporter: Und jetzt haben sie die Sache vertagt?
Frau: Nein, sich zurückgezogen. Aber der Vertreter von Mannesmann hat gesagt, er würde eine Vertagung beantragen.
Reporter: Gerade eben?
Frau: Ja, gerade eben, weil er nicht genügend informiert ist. Und es war lächerlich, denn er sagte: Der Mannesmann-Betrieb stand vor einem vollständigen Zusammenbruch. Und da haben natürlich sehr viele gelacht. Und da mußte er sich aber ein bißchen verbessern und sagte: er wüßte es nicht so genau; er wäre ja kein Techniker.
Arbeiter: Das ist schon das zweitemal. Jedesmal sagt der Prozeßvertreter von Mannesmann, er wäre nicht genügend informiert. Ich möchte mal wissen, wieviel Zeit die Kameraden brauchen, bevor die also entsprechend eingreifen können?
Frau: Er hätte erst Donnstag oder Freitag die Unterlagen bekommen, wieder mal zu spät.
2. Arbeiter: Das ist doch ein Zeichen davon, daß sie die Leute echt verarschen.
3. Arbeiter: Die haben ja bei dem Sühnetermin oder wie man das nennt hier beim Arbeitsgericht genau das gleiche gesagt. Da hat auch der Vertreter gesagt, er sei nicht genügend informiert. Und dieser Termin ist schon über sechs Wochen her.
Frau: Ja, aber Rechtsanwalt Thon, der Vertreter der Entlassenen aus Frankfurt, der hat aber gesagt, daß doch einige Punkte nicht stimmen, die die Mannesmann-Vertretung angehen. Und er besteht jetzt drauf.
2. Arbeiter: Das ist aber doch ganz klar zu sehen, daß sie nur die Leute auf den Arm nehmen. Denn wie kann der die Frechheit besitzen, zweimal innerhalb von sechs Wochen zu sagen, er sei nicht genügend informiert!
3. Arbeiter: Ja, die Leute sollen mürbe gemacht werden.
Frau: Die werden aber dort oben nicht mürbe, die lachen mit und schütteln die Köpfe, ehrlich.
4. Arbeiter: Ja, daß sich aber das Gericht dieses Kasperl-Theater gefallen läßt, das zeigt, daß das Gericht auf seiten der Unternehmer steht und nicht, wie sie sagen, neutral ist.
3. Arbeiter: Wenn es Mannesmann wirtschaftlich genauso schlecht ginge wie den 22 Kollegen, was durch diese Verhandlungstaktik, die hier an den Tag gelegt wird, bewirkt wird, würde ich davon überzeugt sein, daß die Prozeßbevollmächtigten von Mannesmann sich diese Frechheiten nicht erlauben würden. Hier hat jeder Kollege bis jetzt, soweit ich informiert bin, noch keine Arbeit. Das heißt also, daß sie von dem Geld leben müssen, was sie vom Arbeitsamt kriegen. Und wenn das bei Mannesmann genauso wäre, wäre sicherlich die Prozeßschnelligkeit eine andere. Aber die haben ja Millionen zur

Verfügung, die können sich das ja erlauben.
5. Arbeiter: Bei dem Kollegen, der auch unter den 22 ist, geht klar daraus hervor, was er uns vorhin sagte, daß alle 22 Kollegen auf schwarzen Listen der Unternehmer hier im Duisburger Raum stehen. Er war bei einer ganzen Reihe von Unternehmen, und immer kam die Frage: Wo kommen Sie her? Von Mannesmann? Sind Sie einer der 22 Entlassenen? Es tut uns leid, dann haben wir keine Arbeit für Sie! Und so wird es wahrscheinlich noch das ganze Jahr 1974 hindurch gehen. Und die Kollegen im Duisburger Raum oder im angrenzenden Raum Oberhausen-Essen usw. werden überhaupt keine Arbeit bekommen. Die müssen schon nach Süddeutschland oder Norddeutschland hinziehen, um überhaupt eine Existenzmöglichkeit zu bekommen. Das geht klar daraus hervor.
3. Arbeiter: Diese Anklage ist von Werksseite an den Haaren herbeigezogen worden, und es sind praktisch nur die Leute ausgewählt worden, die denen irgendwie und zu irgendeiner Zeit mal unbequem gewesen sind, die ihr Recht gefordert haben im Arbeitsprozeß.
5. Arbeiter: Und die 22, kann man sagen, haben sich nicht anders verhalten als die 2000 oder 3000 Kollegen, die auch in den Tagen dagestanden haben und nichts anderes. Und von den 22, das muß man sagen, wird selbst nach Auskunft einiger Betriebsleiter klar gesagt, daß sie weder Rädelsführer oder sonst was waren, wie es beispielsweise in der Presse und auch in Erklärungen der Werksleitung hieß . . .
3. Arbeiter: Sie waren zum Teil jahrzehntelang im Betrieb, einer sogar 31 Jahre.
5. Arbeiter: sondern daß ein Großteil der 22 Kollegen vollkommen harmlos ist, so daß keiner verstehen kann, warum diese Leute auf diese Liste gekommen sind. Man hat nur eine Erklärung dafür: Es ist irgendwie festgelegt worden, man wollte Köpfe rollen sehen. Jeder Betrieb hat soundsoviele Leute zur Verfügung zu stellen, ganz egal, ob der eine nun daran beteiligt war oder nicht, ob er mehr oder weniger aktiv daran beteiligt war. Soundsoviele Leute mußten einfach weg vom Fenster, um eben Ruhe zu haben im Betrieb. Mehr war da nicht.
Reporter: Das Gericht hat sich zur Beratung zurückgezogen. Was meinen Sie, wie es ausgeht?
Arbeiter: Nach den beiden Plädoyers kann ich nur sagen, daß alle Klagen durchkommen meiner Meinung nach.
Arbeiter: Na, ja, ich bin eigentlich ziemlich optimistisch. Ich meine, daß die Argumente, die der Rechtsanwalt Thon als Vertreter der Kollegen vorgebracht hat, daß die stichhaltiger sind, daß sie die verschiedenen Behauptungen des Arbeitgebers widerlegt haben und daß nach meinem Eindruck eigentlich die

Sache ganz gut steht. Aber vielleicht fragen Sie Rechtsanwalt Thon selbst mal.
Rechtsanwalt Thon: Nun, meine Herren, wir warten auf die Urteilsverkündung. Und wenn sie sich erinnern an meine Worte heute mittag und heute nachmittag, ich bin nach wie vor nicht nur optimistisch, sondern der Optimismus hat sich gesteigert. Die Beweisaufnahme war glänzend. Die Zeugen der Firma waren nicht so, wie man's erwarten konnte, sondern sie haben die Wahrheit gesagt mit dem Ergebnis, daß die Arbeitnehmer nicht belastet wurden. Wir werden sehen, was das Gericht daraus macht.

Urteilsverkündung

Richter:
Es sind zu verkünden die Urteile in Sachen Jahn, Jankoviak, Kaufmann, Schade, Schroer und Staats gegen die Mannesmann AG. Im Namen des Volkes wird folgendes Urteil verkündet:

In Sachen Staats gegen Mannesmann:
Die Klage wird kostenfällig abgewiesen. Der Wert des Streitgegenstands wird auf 5400 Mark festgesetzt.

In Sachen Schroer gegen Mannesmann:
Die Klage wird kostenfällig abgewiesen. Der Wert des Streitgegenstandes wird auf 4500 DM festgesetzt.

In Sachen Jahn gegen Mannesmann:
Die Klage wird kostenfällig abgewiesen. Der Wert des Streitgegenstandes wird auf 3900 DM festgesetzt.

In Sachen Kaufmann gegen Mannesmann:
Die Klage wird kostenfällig abgewiesen. Der Wert des Streitgegenstandes wird auf 4050 DM festgesetzt.

In Sachen Jankoviak gegen Mannesmann:
Es wird festgestellt, daß das Arbeitsverhältnis der Parteien durch die Kündigung der Beklagten vom 6. November 1973 nicht aufgelöst worden ist. Die Beklagte wird verurteilt, an den Kläger 800 DM brutto nebst vier Prozent Zinsen seit dem 1. Dezember 1973 zu zahlen und den Kläger, entsprechend den arbeitsvertraglichen Bestimmungen, auch tatsächlich zu beschäftigen und die Kosten des Rechtsstreits zu tragen.
Der Wert des Streitgegenstandes wird auf 4800 DM festgesetzt.

Und in Sachen Schade gegen Mannesmann:
Es wird festgestellt, daß das Arbeitsverhältnis der Parteien durch die Kündigung der Beklagten vom 6. November 1973 nicht aufgelöst worden ist. Die Beklagte wird verurteilt, dem Kläger 850 DM brutto nebst vier Prozent Zinsen seit dem 1. Dezember 1973 zu zahlen und den Kläger entsprechend den arbeitsvertraglichen Bestimmungen auch tatsächlich zu beschäftigen und die Kosten des Rechtsstreits zu tragen. Der Wert des Streitgegenstands wird auf 5100 Mark festgesetzt.

Das Gericht ist von folgender Rechtslage ausgegangen: Kein Kündigungsgrund ist gegeben bei einem von der Gewerkschaft geführten rechtmäßigen Streik. Bei einem Streik, der diesem Erfordernis nicht entspricht, liegt Rechtswidrigkeit vor. Es war hier zu prüfen, ob ein wichtiger Grund vorlag, der die Beklagte zur fristlosen Entlassung berechtigte. Ein wichtiger Grund liegt dann vor, wenn der Arbeitnehmer die Rechtswidrigkeit der Arbeitsniederlegung kannte oder auf Grund mangelnder Sorgfalt nicht kennen konnte. Eine besondere Aufforderung, die Arbeit wiederaufzunehmen, braucht im allgemeinen nicht vorauszugehen.
Daher ist das Gericht in Sachen Staats beispielsweise auf Grund der Aussage des Zeugen Hermann zu dem Ergebnis gekommen, daß der Kläger aufgefordert worden ist, die Arbeit wiederaufzunehmen. Es wurde sogar eine Diskussion darüber geführt. Der Kläger sprach von »bangemachen« und kam nicht zur Arbeit, so daß er also genau wußte, welche Folgen sein Verhalten nach sich ziehen würde.
Bei Herrn Schroer, dem Kranführer, bekundete uns der Zeuge Bornemor, daß der Kläger am Tor aufgefordert wurde, an seine Arbeitsstelle zurückzugehen. Er wurde auch auf die arbeitsrechtlichen Folgen hingewiesen und leistete dieser Auflage keine Folge.
Bei Herrn Kaufmann erklärte der Zeuge Fuchs, daß der Kläger Wortführer gewesen sei mit der Erklärung unter anderem, daß er die Arbeit nicht aufnehmen wolle.
Herr Jahn war Kranrangierer. Er hat während der ganzen Schicht nicht gearbeitet. Bei ihm hatte die Kammer allerdings die meisten Bedenken bezüglich der Entscheidung. Aber ihm war es bekannt, daß gearbeitet wurde. Er war in den Verkehrsbetrieben tätig. Dort hätte er arbeiten können. Er hat der Arbeitspflicht nicht Folge geleistet, sondern sich am Tor eins aufgehalten.
Anders war es bei den Arbeitnehmern Schade und Jankoviak. Beide sind zur Arbeit erschienen, wollten ihren Dienst antreten, konnten aber nicht ihre Arbeit leisten. Der Zeuge Christmann hat in beiden Sachen erklärt, daß sie nicht in der Lage

waren, zu arbeiten, weil hier keine Arbeitsmöglichkeit für beide bestand. Daher war hier in beiden Sachen, nämlich Schade und Jankoviak, nach dem Klageantrag zu entscheiden und die Beklagte zu verurteilen, das Arbeitsverhältnis mit ihnen fortzusetzen. Soweit die öffentlich zu verkündenden Gründe.

Vor dem Gerichtssaal

Nach der Urteilsverkündung
Reporterin: Was sagen Sie zu diesem Urteil, das gerade verkündet worden ist?
1. Arbeiter: Wir hatten mindestens erwartet, daß fünf Mann wieder in den Betrieb reinkamen – weil der Assistent Hermann von der Qualitätsstelle sich ja gegen den Arbeitnehmer gestellt hat in der Verhandlung. Wir hoffen jetzt, daß wir in dem Revisionsprozeß doch zu unserem Recht kommen.
2. Arbeiter: Enttäuschend, würde ich meinen, weil hier ganz klar sich wieder mal herausgestellt hat, wie unterschiedlich das bewertet wird in der Öffentlichkeit. Für mich war ganz klar, daß sie alle sechs wieder eingestellt werden mußten, weil es einfach nicht sein darf, daß Arbeiter für ihre berechtigten Forderungen, wenn sie dann irgendwelche Maßnahmen unternehmen, dafür entlassen werden können. Wenn wir soweit kommen in Deutschland, dann ist es nur eine Frage der Zeit, wann man mit härteren Mitteln gegen Arbeiter wieder vorgehen kann, wann das auch wieder rechtmäßig geschehen kann, wie es vor noch gar nicht langer Zeit in Deutschland auch möglich war.
Reporterin: Und was sagen Sie zu diesem Urteil?
3. Arbeiter: Nach dem, was am Montag gelaufen ist, war für mich klar, daß Mannesmann mit manipulierten Aussagen gearbeitet hat, da die Sache für uns gut stand. Daß das so gekommen ist, mit Ausnahme der zwei Kollegen, erschüttert mich einerseits. Aber andererseits war es vielleicht auch nur eine vage Hoffnung. Wir hatten selbst mal die Sache in der Hand und hätten für unsere Kollegen aktiver eintreten sollen. Wir hätten Mannesmann zeigen müssen, wer stärker ist.
Reporterin: Wie?
3. Arbeiter: Ja nun, wir hatten die Möglichkeit, Druck dahinter zu setzen kurz nach der fristlosen Entlassung. Es ist nicht dazu gekommen, weil jeder auf den anderen gewartet hat. Da hätten wir Mannesmann unter Druck setzen können.
Reporterin: Wodurch Druck setzen?
3. Arbeiter: Durch Kampfmaßnahmen.
Reporterin: Wie Streik zum Beispiel?

3. Arbeiter: Ja, zum Beispiel. Es ist nicht geschehen, das war unser Fehler. Auf die Justiz kann man sich meines Erachtens in dem Maße nicht verlassen. Die Rechtsprechung ist so negativ für uns, und außerdem ist es so, daß das Duisburger Arbeitsgericht im Frühjahr 73 dieses Urteil gefällt hat in bezug auf das PWW (Profilwalzwerk), was einmalig ist: Werksverbot usw., so daß es mich eigentlich andererseits gewundert hätte, wenn dieses Urteil positiv ausgegangen wäre.
Es ist so ausgegangen. Jetzt wird sicherlich die Gewerkschaft in die nächste Instanz gehen. Was jetzt weiter geschehen wird, das weiß ich nicht, zumindest im Betrieb. Ich werde als gewerkschaftlicher Vertrauensmann meine Kollegen über den Prozeß umfassend informieren, auch was hier in bezug auf die Aussagen der Zeugen der Mannesmann AG Hüttenwerke geschehen ist. Und die Kollegen werden sich ihr Urteil selbst bilden. Und ich glaube, trotz des verlorenen Prozesses und trotz der Niederlage, die wir im Herbst bekommen haben, wird das letztlich nichts nützen, und es werden auch andere Zeiten wieder kommen, wo wir, wie nach dem PWW-Streik, etwas stärker dastehen werden.
Reporter: Wie stehen Sie jetzt beispielsweise zu dem Schicksal dieser Arbeiter, die da sitzen und wahrscheinlich doch sehr große Schwierigkeiten haben, noch einen neuen Job zu finden?
Mannesmann-Vertreter: Das ist richtig. Der Schmerz der Grenze bleibt uns nie erspart. Und ich könnte mir vorstellen, daß der eine oder andere Arbeitnehmer, der nicht gekündigt worden ist, den Streik stärker betrieben hat als ausgerechnet die Kläger, die hier sitzen. Aber Sie wissen: Recht haben und Recht bekommen, sind zwei Seiten. Das müßten wir beweisen, denn die Kläger, die intensiver beteiligt waren, würden das auch bestreiten.

Teil V
Anhang

Zur Mannesmann-Unternehmens-Geschichte

Auch Mannesmann fing als Schmiede an. Sie wurde von Heinrich Mannesmann in Remscheid betrieben. Aus der Schmiede entstand dann eine Feilenfabrik usw. usw.
Gegen Ende des vergangenen Jahrhunderts gelang den Brüdern Reinhard und Max Mannesmann die Erfindung eines Walzverfahrens, das die Herstellung nahtloser Röhren aus massiven Stahlblöcken ermöglichte: das Schrägwalz- und Pilgerwalzverfahren. 1885 meldeten sie ihr erstes Patent an, dem später weitere folgten. Aber ihnen fehlte genügend Kapital, um ihre Erfindung industriell verwerten zu können. Dem wurde aber schnell abgeholfen, denn die Experten der deutschen Bourgeoisie waren nicht faul und erkannten die enorme Profitquelle, die in der Erfindung lag. Zu den ersten »Gönnern« der Mannesmann-Brüder gehörten Werner von Siemens und die Deutsche Bank. Von dieser Stunde an ist ständig ein Mitglied der Familie Siemens im Aufsichtsrat bei Mannesmann. Werner von Siemens selbst war sein erster Vorsitzender. Und wie es der Zufall so wollte, hieß der damalige Chef der Deutschen Bank Georg von Siemens. Georg war Werners Vetter. Beide waren froh, die Mannesmann-Geschichte endlich hingekriegt zu haben:

Berlin, 16 – 7 – [18]90
Lieber Werner, die Mannesmann Sache ist heute nach langem Hängen und Würgen zu Stande gekommen. Hoffentlich entwickelt sie sich auch sachlich gut, so daß man sich nicht blamiert [. . .]
Dein getreuer Vetter
Georg Siemens

Und auch Vertreter der Deutschen Bank waren seitdem immer im Mannesmann-Aufsichtsrat, meistens als Vorsitzende. Gegenwärtig zum Beispiel sitzt der Abs-Nachfolger im Vorsitz der Deutschen Bank, Franz Heinrich Ulrich, auf diesem Posten.
Mit dem Staat konnten es Siemens und die Deutsche Bank von Anfang an sehr gut. So gewährte der Staat, als Mannesmann im damaligen Österreich-Ungarn ein Walzwerk im böhmischen Komotau errichtete, ein »Privilege« dazu. Bald gab es Mannesmann-Werke auch in Bous an der Saar und in England. An allen dieser Mannesmänner war Siemens finanziell beteiligt.

Und kurz nach der Gründung der Mannesmann Röhren AG hatten die beiden Erfinder ihre Schuldigkeit getan: Die Deutsche Bank bootete die Brüder aus.

Im 1. Weltkrieg war Mannesmann verständlicherweise an der Kriegsproduktion beteiligt. Denn schließlich eignet sich sein Verfahren vorzüglich zur Herstellung von Granaten und Geschützrohren. Der kriegsbedingte Mangel an Arbeitskräften konnte dabei durch Frauen und Kriegsgefangene ausgeglichen werden. Sie hatten zudem den Vorzug, besonders billig zu sein, und so waren die Gewinne bald ausgezeichnet. Zum Ende des Krieges konnte sich Mannesmann sogar eine eigene Erzgruben- und Kohlenzeche zulegen.

Auch den Wirren der Zeit, insbesondere dem »Spartakistenspuk«, begegnete Mannesmann mit eigener Kraft. Zum Beispiel im besagten Komotau. Da man annahm, die österreichische Armee könne das Werk nicht vor den Aufständischen schützen, denn die Armee galt als politisch »unsicher«, richtete man kurzum ein kleines Privatheer aus Angestellten, Meistern und Vorarbeitern ein.

Während im Lande die Inflation herrschte, war dagegen Mannesmann infolge seiner enormen Kriegsgewinne bald in der Lage, sich eine neue Großzeche dazu zu kaufen: die Zeche Consolidation in Gelsenkirchen. Und auch an einem Kohlen*handels*unternehmen ist die Firma seit 1921 beteiligt: Hansen, Neuerburg und Co.

Im gleichen Jahr wird mit dem Bau des Hüttenwerkes in Duisburg-Huckingen begonnen. Schon 1929 werden dort die ersten beiden Hochöfen und das Thomasstahlwerk in Betrieb genommen.

Zwischen 1933 und 45 ging es mit Mannesmann weiter aufwärts. In der Broschüre »1890–1965 – 75 Jahre Mannesmann« lesen wir über diese Zeit: »In überraschend kurzer Zeit kam so das gesamte deutsche Wirtschaftsleben wieder in Gang. Diese stürmische wirtschaftliche Entwicklung mündete freilich schon nach wenigen Jahren in den 2. Weltkrieg ein, ja sie muß schon in den geheimen Plänen der Machthaber des 3. Reiches als Vorbereitung dazu angesehen worden sein ...«

1934 wird ein gewisser Herr Heinrich Zangen Mannesmann-Generaldirektor, um schon drei Jahre später zum Leiter der »Reichsgruppe Industrie« aufzusteigen. »Damit kam dieses hohe und bedeutsame Ehrenamt, das vorher Krupp von Bohlen und Halbach ... bekleidet hatte, wieder an einen Vertreter der Schwerindustrie ...« (»75 Jahre Mannesmann«)

1935 ist der Baubeginn des Duisburger Profilwalzwerkes. 1936 wird es in Betrieb genommen.

Im Zuge der Überführung jüdischer Firmen in die »deutsche Volkshand« gerieten auch einige Unternehmen an das Man-

nesmann-»Volk«. Nach der Reichskristallnacht war Mannesmann um die Walzwerke der jüdischen Firma Wolf Netter u. Jacobi, die Hahn'schen Werke und gemeinsam mit Hoesch und Rheinmetall-Borsig um die Schrotthandelsfirma Max Stern reicher. Aus letzterer ist die heutige Mannesmann-Reederei hervorgegangen.
Auch im zweiten großen Krieg ist Mannesmann wieder dabei. Es scheint, daß man sich sogar ein wenig darauf vorbereitet hat. Oder sollte es reiner Zufall gewesen sein, daß Heinrich Zangen Mannesmanns Niederlassungen in England schon 1937 wieder verkauft hatte? Wahrscheinlich wollte Herr Zangen doch einer möglichen Enteignung im Kriege vorbeugen. Doch die Unternehmungen im neutralen und eroberten Ausland schlafen während des Krieges bei weitem nicht völlig ein: In Zürich wird die Mannesmannröhren- und Eisenhandels A.G. gegründet.
Zu Hause aber hält die Ausbeutung der »Fremdarbeiter« die Unternehmungen in Schwung. Ein Leiter des Werksschutzes in der Duisburger Hütte war bei den ausländischen Arbeitern noch lange nach dem Kriege als Schläger in Erinnerung.
Zerstört werden die Hüttenwerke während des Krieges nicht. Ganz entgegen den Gepflogenheiten des Krieges. Damit trugen die alliierten Mächte aber nur der Tatsache Rechnung, daß die Amerikaner bereits mit einer stattlichen Summe Kapital bei Mannesmann beteiligt waren. Nach dem Kriege wird Zangen verhaftet. Aber das ist nicht von Dauer. Bald ist er wieder frei und in der alten Funktion. Die Warnung des Betriebsrates, es würde kein Gramm Eisen mehr produziert, wenn Zangen wieder das Werk betrete, war zu schwach.
Mannesmann wird »entflochten«. Ein großes Wort. Aber Verluste bereitet die Entflechtung der Firma kaum. So kann Mannesmann noch während der Entflechtungszeit ein neues Hütten- und Walzwerk in Brasilien bauen und sich dort Erzgruben kaufen. Das besagte Werk in Bous wird zwar von den Franzosen enteignet, dann aber der französischen Gesellschaft SUTS überlassen – an dieser aber ist Mannesmann mit immerhin 40% beteiligt.
1957 tritt der Altnazi Zangen als Generaldirektor zurück, ohne jedoch gänzlich an Einfluß verlieren zu wollen: er wird Aufsichtsratsvorsitzender. Generaldirektor nach Zangen wurde dessen langjähriger Stellvertreter Hermann Winkhaus, der aber schon nach fünf kurzen Jahren von Egon Overbeck abgelöst wurde.
Overbeck war unter Hitler Major im Generalstab. Diesen beachtlichen Dienstgrad erreichte er im zarten Alter von 27 Jahren. Auf Heldentaten an der Front konnte diese Karriere also nicht zurückgehen. Da liegt es schon näher zu vermuten, daß Herr Overbeck seinen rapiden Aufstieg in der Naziwehr-

macht einer vorbildlichen »nationalen Gesinnung« verdankte. Er steht bis heute an der Spitze des Unternehmens.
Heute gehört Mannesmann zu den größten Röhrenproduzenten der Welt. Mannesmann hat Werke in der Türkei, einen Hochofen in Brasilien und ein Walzwerk in Kanada. Eine der zahlreichen Beteiligungen ist der Mitbesitz des zweitgrößten kanadischen Hüttenkonzerns, der 25% des kanadischen Rohstahls herstellt und nebenbei Kohlen- und Erzbergwerke sein eigen nennt.
Von Friedrich Flick kaufte Mannesmann 1953 die Essener Steinkohlen AG, auch die Heizölgroßhandlung DEFROL ist Mannesmann-Eigentum. Mittlerweile stellt der Konzern also dar, was man einen typischen Vertikal-Trust zu nennen pflegt: Rohstoffe, Hüttenwerke, Walzwerke, Verkauf – Mannesmann hat alles selber, was zur Stahlproduktion irgendwie notwendig ist. Auch eine eigene Maschinenfabrik darf dabei nicht fehlen. So baut Mannesmann-Meer in Mönchen-Gladbach Walzwerke, Förderanlagen, Hydraulik- und Schiffsgetriebe und manches andere mehr.
In Österreich ist der Konzern an einer Kompressor- und Lokomotivfabrik, an der Jenbacher Werke AG, beteiligt, denn Kompressoren werden in der Hüttenindustrie zum Zwecke der Gaskomprimierung gebraucht. Mit Porsche und Renault ist Mannesmann über die sogenannte Porsche-Diesel- Renault-Schlepper-Vertriebsgesellschaft m.b.H. befreundet und verflochten. Und seit 1953 gibt es eine Anteilseignerschaft bei der Südwest-Chemie. Die Beziehungen zur Chemie-Industrie sind überhaupt sehr gut: Mannesmann-Plastik, an der die ETERNIT AG mit 40% beteiligt ist, produziert Kunststoffrohre; von der Ruhrchemie gehören Mannesmann ansehnliche 33 und ein Drittel Prozent.
Ein bißchen verspätet, erst 1973, kaufte sich der Konzern in die DEMAG ein. Die DEMAG stellt Krane und ganze Fabrikanlagen bereit. Gemeinsame Interessen zwischen Mannesmann und der DEMAG gab es schon lange bevor man sich 1973 zur Beteiligung entschloß. So entwickelte man vor Jahren gemeinsam ein neues Gießverfahren, Strangguß genannt, welches eine außerordentlich schnelle Herstellung von Walzvormaterial ermöglicht.
Diese sehr weitreichenden Anstrengungen des Konzerns, die Arbeitskraft an möglichst vielen und verschiedenen Stätten auszubeuten, werden andererseits von einer ausnehmenden Bescheidenheit begleitet. Jüngstes Beispiel dieser Bescheidenheit ist die sogenannte Röhrenehe, die gleich mehrere Stahlkonzerne zusammen eingegangen sind. Mit dieser Eheschließung hat sich Mannesmann nämlich bereit gefunden und verpflichtet, die Produktion von verschiedenen Stahlerzeugnissen

in Zukunft einzustellen und sich dafür auf ein Röhrenmonopol zurückzuziehen. Nebenbei hatte diese Bescheidenheit ganz wesentliche Rationalisierungen zur Folge. So tauschte Mannesmann mit Thyssen einige Werke aus und teilte sich, um nicht ganz den Überblick zu verlieren, Arbeit und Geschäft: Im Duisburger Profilwalzwerk werden zum Beispiel heute keine Profile mehr hergestellt, sondern hier findet die Arbeit an Rundmaterial zum Zwecke der Röhrenherstellung statt.

Die Mannesmannbetriebe der Hütte in Duisburg

Nicht alle Leser können wissen, was in den verschiedenen Betrieben oder Abteilungen, von denen meist nur ihre Namen genannt wurden, vor sich geht. Um ihre Funktion etwas zu veranschaulichen, zu den wichtigsten Betrieben ein paar Erklärungen. Da das Profilwalzwerk der Träger des siegreichen Streiks war, kommt es hier besonders ausführlich weg.

Der Kern des *Hochofenbereichs* sind die Hochöfen. Der jüngste von ihnen ist der Hochofen A. Er wurde erst 1973 in Betrieb genommen und gehört zu den größten und modernsten seiner Art in der Welt.
In der *Kokerei* wird aus Steinkohle Koks gewonnen, der in den Hochöfen verwendet wird.
Die *Stahlwerke* bestehen aus dem Blasstahlwerk I und II (BSW), dem Elektrostahlwerk und dem sogenannten Siemens-Martin-Werk. Auch das BSW I ist das modernste seiner Art. Seine Stranggußanlage ist eine sehr rationelle Methode des Gießverfahrens für Rohstahl und ermöglicht eine außerordentlich hohe Produktivität bei einer geringen Zahl von Arbeitskräften. In den Blasstahlwerken wird dem flüssigen Roheisen mit Sauerstoff der Kohlenstoff entzogen und es entsteht Rohstahl. Dieses Verfahren baut auf die sogenannte Thomasbirne auf (deswegen wird der Betrieb auch kurz Thomasstahlwerk genannt, vgl. Anmerkung 4), ist allerdings heute schon rationeller.
Im Siemens-Martin-Stahlwerk wird hauptsächlich Schrott eingeschmolzen. Das geschieht in mit Gas betriebenen Öfen. Der eingeschmolzene Schrott wird anschließend in der Rohstahlproduktion weiterverwandt. Das Ganze ist eine inzwischen veralterte, unrentable Methode. Im Elektrostahlwerk wird hochlegierter Stahl, der sogenannte Edelstahl, hergestellt.
Das *Profilwalzwerk (PWW)* setzt sich zusammen aus den Tieföfen (so genannt, weil sie sich auf ebener Erde befinden), der 1150er-Straße, der 800er-Straße, dem Sägebereich und der

Adjustage. Ein Arbeitsgang im PWW läuft folgendermaßen ab:
In den Tieföfen werden die Stahlblöcke auf die Temperatur gebracht, die sie brauchen, um dann gewalzt werden zu können. In der 1150er-Straße (auch Blockstraße genannt), deren Rollgang beim PWW-Streik besetzt wurde, werden die Stahlblöcke vorgewalzt, um anschließend in der 800er-Straße rundgewalzt zu werden. Danach gelangen die Blöcke in den Sägebereich, die letzte Station des »Warmbereichs«. Hier werden die fertig gewalzten Rundstähle im glühenden Zustand auf Längen von ca. 12 Meter geschnitten und auf den Warmbetten abgekühlt.
Wenn die Blöcke auf etwa 300 Grad abgekühlt sind, werden sie entweder mit Schneidbrennern auf kürzere Längen geschnitten und dann verladen oder, was die Regel ist, rundherum vom Eisenzunder befreit, in einem Säurebad gebeizt und schließlich noch auf Fehler untersucht und »geputzt«, d. h. die Fehler werden mit Preßlufthämmern herausgedonnert. Zum Schluß wird auch dieses Material auf kurze Längen von ca. 2 Metern geschnitten.
Der Bereich des PWW, in dem die sich daran anschließenden Arbeiten am abgekühlten Stahl verrichtet werden, nennen wir Kaltbereich oder Adjustage. Das fertige Material verläßt dann die Hütte und wird in den Röhrenwerken Mülheim, Rath, Lierenfeld, Brakwede und Remscheid zu nahtlosen Röhren verarbeitet.
Weitere Betriebe auf der Hütte sind: der Transport (Eisenbahn und KFZ), die Hauptwerkstatt, der Energiebetrieb und die Erhaltung (Schlosserei). Die kampfstärksten Betriebe sind bislang neben dem PWW die Eisenbahn und die Hauptwerkstatt. Kampfschwach ist vor allem das Blasstahlwerk I. Die Kollegen des BSW I sind bei seiner Inbetriebnahme aus den verschiedensten anderen Mannesmannbetrieben dort zusammengezogen worden. Teilweise kommen sie auch aus dem damals stillgelegten Mannesmannbetrieb Grillo-Funke in Gelsenkirchen. Vielleicht ist der dadurch bedingte noch geringe Zusammenhalt der Kollegen eine Ursache für ihre Streikunwilligkeit.